小学数学"三点一线·五维一体"学教融合教学模式的实践与探索

刘晓东　著

中国海洋大学出版社

·青岛·

图书在版编目(CIP)数据

小学数学"三点一线·五维一体"学教融合教学模式
的实践与探索 / 刘晓东著 . --青岛：中国海洋大学出
版社，2024.4

ISBN 978-7-5670-3822-6

Ⅰ.①小… Ⅱ.①刘… Ⅲ.①小学数学课－教学模式
－教学研究 Ⅳ.①G623.502

中国国家版本馆 CIP 数据核字(2024)第 061520 号

出版发行	中国海洋大学出版社			
社 址	青岛市香港东路 23 号	**邮政编码**	266071	
网 址	http://pub.ouc.edu.cn			
出 版 人	刘文菁			
责任编辑	丁玉霞	**电 话**	0532-85901040	
电子信箱	qdjndingyuxia@163.com			
订购电话	0532-82032573(传真)			
印 制	青岛国彩印刷股份有限公司			
版 次	2024 年 4 月第 1 版			
印 次	2024 年 4 月第 1 次印刷			
成品尺寸	170 mm×230 mm			
印 张	12.75			
字 数	184 千			
印 数	1～1 000			
定 价	69.00 元			

发现印装质量问题,请致电 0532-58700166,由印刷厂负责调换。

1. 四方区教学现场会

2. 四方区教学经验交流会

3. 获市北区优质课比赛一等奖

4. 执教市北区公开课

5. 市北区第二届学术节表彰大会

6. 市北区小学数学教学法（模式）创生培育专题研讨会

7. 吴亚萍教授深入课堂指导教学实践

1	2
3	4
5	6
7	

1	2
3	4
5	6
7	

1. 2017 年获评市北区教学能手
2. 2023 年获评市北区教学能手
3. 2022 年获市北区教学成果评选一等奖
4. 2022 年获评市北区优秀教学模式
5. 2021 年获山东省优秀作业设计一等奖
6. 2022 年获市北区义务教育学科命题大赛一等奖
7. 2023 年湖岛小学数学教研组获评市北区"优秀教研（集备组）"

序

　　初识刘晓东是在青大教育管理专业硕士研究生班的课堂上。记忆犹新的是刘晓东在课堂上的认真态度，依然像个规规矩矩的小学生，但眼里却一直闪烁着智慧的光芒。对于问题，她的发问方式、阐释方式、解决方式也和别的同学不太一样，因为她总善于从"实践"的视角出发或者着眼，所以留给我的印象也特别深，那时候就感觉这是一个"有问题"的教师。硕士毕业，她稍微一沉淀紧接着报考了天津师范大学的教育专业博士，再一次验证了这是一个"有问题"的教师。

　　边读博边工作，其中的辛苦可想而知，但刘晓东却从未停下来歇歇脚，而是继续边实践边反思。这不，她结合自己十几年课堂实践和教学研究，深入研究课程标准，钻研培养学生数学核心素养的策略，总结出自己对小学数学教学的理解和提高学生核心素养的有效措施，提炼出可普遍推广的小学数学教学模式，写成《小学数学"三点一线·五维一体"学教融合教学模式的实践与探索》一书。从中，我见证了一名优秀小学数学教师的专业成长和教研能力提高的过程，也深深地佩服刘老师作为教育人的韧劲和执着。

　　刘晓东现为中小学一级教师，担任区级数学教研骨干，荣获教学能手称号，获得区教学成果奖一等奖，主持省市教育科学规划课题多项。她在繁忙的教学、教研、学习之余，深入调查，了解小学数学教与学现状，获取一手资料，在教学一线进行了十余年的行动研究。该书介绍的教学模式不但对小学数学教与学具有借鉴价值，而且对于广大中小学教师在科研、教研与教学方面也具有一定的启发意义。

这部专著在教师充分实践的基础上详细介绍了教学模式的实施过程，并配有具体教学案例，把理论与实践有机地结合，为小学数学教学提供了具体可行的指导，充分解决了小学数学教学从哪里出发，到哪里去，怎样去的问题。书中同时也收录了刘晓东的教学研究成果。本书的出版，能够指导更多读者在小学数学教学研究方面进行交流，并带动更多的小学数学教师开创性地进行教学模式的研究与实践。

李德林

青岛大学教授,青岛大学师范学院小学教育系主任

2024 年 1 月

目 录

第一章

小学数学"三点一线·五维一体"学教融合教学模式概述

　　深化教育教学改革,切实提高课堂教学质量,大力提高教师教育教学能力,是提升义务教育质量、实现义务教育优质均衡发展、全面贯彻党的教育方针、落实立德树人根本任务的重要措施。然而,在一些薄弱学校,受校情、师情和生情的制约,课堂教学改革面临诸多难题,教学质量长时间得不到提升。近年来,接收外来务工人员子女入学的青岛湖岛小学,在数学课堂教学方式转变方面进行了有益的探索与实践,笔者总结出小学数学"三点一线·五维一体"学教融合教学模式,通过学与教方式的转变,提高了课堂教学质量,促进了师生共同发展。

　　小学数学"三点一线·五维一体"学教融合教学模式的提出、发展和提炼是在国家教育政策的大背景之下,适应校情、师情、学情的课堂教学改革成果。

第一节　小学数学"三点一线·五维一体"学教融合教学模式提出的背景

一、国家要求：义务教育均衡发展

《国家中长期教育改革和发展规划纲要（2010—2020 年）》（以下简称《教育规划纲要》）指出："推进义务教育均衡发展。均衡发展是义务教育的战略性任务。要加快薄弱学校改造，着力提高师资水平。"《教育规划纲要》还指出："学校要把减负落实到教育教学各个环节，给学生留下了解社会、深入思考、动手实践、健身娱乐的时间。"2011 年，青岛湖岛小学还是区域内的薄弱学校，承担着接收大量外来务工人员子女就学的任务，如何通过教学提升学校的办学质量和水平，如何让外来务工人员子女享受公平而优质的教育，成为摆在每一位教师面前的问题。要想落实《教育规划纲要》的精神，促进义务教育均衡发展，建立"减负高效课堂"，就必须提高教师业务素质，改进教育教学方法，提高课堂教学水平和质量。

二、学校生源差异较大

随着市场经济的发展，我国的工业化、城镇化进程不断加快，大量的农村人口涌入城市，成为城市的"新市民"。新市民子女是以农民身份出现在城市的，但是新市民子女和他们的父辈不一样，他们从小生活在城市，很多新市民子女就出生在城市，以后回到农村生活的可能性也不大。青岛湖岛小学位于青岛市市北区的西北部，坐落于城中村——湖岛村旁边。学校周边有大量工厂、企业，学校周边还是青岛市为数不多的平房聚集区之一。劳动密集型企业的聚集和相对低廉的房租，使得学校周边有大量的新市民居住,他们的孩子大多在青岛湖岛小学就读。湖岛小学是全区接收外来务工人员子女比例较高的学校之一,加之当时允许学生择校,导致本地生源大量流失。

2011年,笔者和同事做过一次调研,当时湖岛小学有在校生439人,其中新市民子女336人,约占全校总人数的76.5%。大部分新市民子女没有接受完整的学前教育,个别学生没有上过幼儿园;部分转学来的新市民子女受教材差异、家庭教育观念等影响,学习成绩参差不齐。这都使得新市民子女的学习习惯、学习成绩与本地学生有一定差距。教师在日常课堂教学工作中发现:与本地学生相比,大部分新市民子女性格内向,不善于与人交流;大部分新市民子女数学学习基础差,班级学生数学学习成绩两极分化比较严重;学生缺乏主动学习意识,大多数学生仍是习惯等着教师教,课堂上不敢回答问题;学生学习的主动性和自信心不足,缺乏科学有效的学习方法。

新市民大多来自经济不发达地区,大部分新市民只有初中文化水平,一小部分只有小学文化水平,还有个别的新市民主要是新民中的女性是文盲。这些新市民在城市中主要从事繁重的体力劳动和小本经营,家庭经济情况比较差,加之自身文化水平不高,在家庭教育上的意识淡薄、财力支撑不足、精力有限,对孩子疏于管理。

三、学生学业负担过重

长期以来,学生的课堂练习和课后作业缺乏个性化和针对性,"题海战术"增加了学生的课业负担。教师讲授新课之后,布置统一的、大量重复性的练习和作业,对于学困生而言,完成有一定的难度,需要花费大量的时间,并且正确率得不到保证,这样形成了课堂教学内容掌握不扎实,利用大量课后作业补的恶性循环,造成了学生学业负担重、成绩差的状况。对于学困生而言,数学成绩长期较差,失去学好数学的信心,数学课上焦虑、不自信,缺乏这个年龄段学生应有的活力与童真;对于学优生而言,大量的重复性基础练习并不能提升数学素养,反而占用了大量的时间,挤占了本应进行拓展提升训练的时间。对于新市民子女的教育,需要教师在教学方法上有所改进,需要更细致的分层教学、分类教学与辅导。但是,与之相反的是,教室里经常会听到教师因为学生完不成作业而近乎愤怒的训斥,课间休息时间甚至是副科时间,办公室里挤满了补作业的学生,通常是教师、学生双双累倒在作业上。因此,改变教学方法是减轻学生学业负担的关键。

四、数学教师专业发展水平不高

(一)教师队伍年龄两极分化,新手教师成长较慢

湖岛小学在 2011 年只有 12 个教学班,教师年龄结构偏大,数学教师队伍老化,长期以来数学课堂教学以讲授为主,教师对教学方式变革有本能的抗拒和排斥。随着城镇化的发展,越来越多的外来务工人员子女跟随父母在城市就读。原本小规模的学校不得已接收越来越多的外来务工人员子女,班额连年扩大,直至极限;同时,学校不断地扩大班数,从 2011 年到 2016 年的五年时间里,学校由 12 个教学班增加到 34 个教学班。随着学生数量的增加,大量教师进入学校任教,其中,大部分是刚刚毕业的新手教师。新手教师的教学实践经验不足,而学校的教研活动效率不高,教研活动没有抓手,只是为了留下教研活动的痕迹,缺乏时效性,流于形式,对新手教师没有起到应有的教学引领作用,导致新手教师对教材把握不准。大部分教师没有经历过从一年级到六年级的一轮教学,所以对于知识点之间的前后联系并不十分清楚,课堂教学的度掌握不好。例如,笔者在一次听课活动中,发现一位一年级的教师讲 10 以内的连加连减运算方法时,用到了三年级才学习的递等式的形式,学生听不懂,教师讲得累,还抱怨学生怎么连这么简单的题目都不会。

2011 年,笔者上班刚刚三年,和很多新手教师一样,课堂上经常出现这种随意拔高或者讲授深度不够的情况。作为一名科班出身的数学教师,

虽然自己有一定的教育理论基础和一腔教育热情,但是从教以来由于学校生源比较复杂和自身教学实践能力欠佳,笔者发现自己在课堂教学上存在以下主要问题:一是课堂教学形式单一,仍旧以教师为主体,学生基本上是扮演从动者角色,导致课堂教学质量不高。二是对学生的评价手段单一,语言匮乏,有的时候甚至对于学生的学习没有评价。

（二）教学方式落后

从2000年开始的第八次课程改革似乎并没有对学校的数学学科教学产生本质的影响,大多数教师的课堂教学还是以讲授式为主,教师先讲,然后要求学生进行大量重复的练习。单一的教学方式使得师生之间、生生之间缺乏有效、有针对性的互动交流。学生缺少独立自主思考的机会。新课改提倡的"自主、合作、探究"学习方式仅仅在公开课的时候会用。在大环境的影响之下,课堂教学慢慢地出现了小组合作学习的影子,但是小组合作学习的效果不佳,甚至只是为了有这样的一个课堂教学环节而进行的浅层次的形式主义的小学合作学习。

基于上述背景,转变教师的教学方式和学生的学习方式,提高课堂教学质量,减轻学生学业负担,以促进师生共同发展为目标的课堂教学变革势在必行。湖岛小学迫切需要通过教学方式改革来提高课堂教学质量,提升学校整体水平,所以,在义务教育优质均衡发展的要求之下,小学数学"三点一线·五维一体"学教融合教学模式应运而生。这也是让外来务工人员子女享受教育公平,促进义务教育优质均衡发展的必然之路。

第二节　小学数学"三点一线·五维一体"学教融合教学模式的理论基础

小学数学"三点一线·五维一体"学教融合教学模式的提出、发展与提炼是一个不断完善和丰富的过程,在这个过程中,多种理论为该教学模式的研究提供了思路与依据,让该教学模式既有理论的支撑又有实践的检验。

一、多元智能理论

(一)理论概述

20世纪80年代美国哈佛大学认知心理学家霍华德·加德纳(Howard Gardner)提出多元智能理论,他认为我们每个人都拥有七种主要智能:音乐智能、身体-动觉智能、逻辑-数学智能、语言智能、空间智能、人际智能、自我认知智能。第八种智能——存在智能,还没有正式提出。多元智能理论认为每个人都是具有多种能力组合的个体;智能的不同组合,创造出了人类能力的多样性。只要大脑没有受伤,如果有机会接触到利于培养某种智能的环境和条件,几乎每个人都能在那一种智能的发展上取得非常显著的进步。按照同样的理由,如果一个人根本不具备接触开发某种智能的条件,无论其生理潜能如何,都不可能激发出那种智能来。多元智能理论在讨论天赋和教育的时候,强调突出儿童个体的差异。教育者要了解学生学习上的强项和学习的特点,对每个学生创造出理想的教育。①

---

① 〔美〕霍华德·加德纳.多元智能新视野[M].沈致隆,译.杭州:浙江人民出版社,2017.

（二）对本教学模式①的启示

小学数学"三点一线·五维一体"学教融合教学模式，旨在改变传统单一的智能观，改变以传授知识为最终目的的教学观，强调以学生的参与和探索为主，通过教材及课程资源，在教学过程中找到发挥每个学生智能优势的"切入点"，允许学生在不同的领域，用不同的风格、方式进行学习，以尊重、协助、引导、观察的方式与学生互动，引导学生主动参与、展示才华，促进全体学生的全面发展。对于数学学科来说，要把发展学生的"逻辑-数学智能"和"空间智能"作为教学的主要任务。一方面，教师要为发展学生的"逻辑-数学智能"和"空间智能"创造适合的教育环境，设计合适的教育环节，合理运用教学情境。另一方面，学生在发展"逻辑-数学智能"和"空间智能"的同时，在小组合作中同样也会发展"人际智能"等其他智能。

多元智能理论提醒我们在数学教学过程中要"因材施教"，注意学生之间的差异，针对学生的不同情况，进行差异教学，发展学生的个性。教师要根据学生的智能差异，给予及时、有效的评价，让学生在学习中获得肯定与鼓励，从而产生学习兴趣，并凭借这份兴趣，提高对学科学习的积极性。

二、有意义学习理论

（一）理论概述

美国认知教育心理学家奥苏伯尔所说的有意义学习（有意义接受学习）是与机械学习相对的，其实质在于以符号（语言文字及其符号）所代表的新知识与学习者认识结构中已有的适当观念，建立起非人为性和实质性的联系。非人为性指新知识与认知结构中有关概念的联系不是任意的，而是建立在合乎逻辑的基础上。实质性指新观念与学习者认知结构中的适当观念建立的联系，是用不同形式的等值语言表述同一概念，其心理意义（理解）不变。

---

① "本教学模式"即小学数学"三点一线·五维一体"学教融合教学模式。下同。

有意义学习认为学生学习有三大突出特点：一是学习者的主观能动性，教师在施教的过程中要重视激发学生的学习动机及学习的主动性、积极性。二是语言的中介作用，强调学生的学习主要是接受人类积累的系统文化科学知识，这些知识主要是以词语、符号表达的，其内容不是零散的、孤立的，而是加工起来的系统知识。三是人类学习是以个体经验的形式去掌握社会历史经验的过程，学生要亲身经历经验的形成过程。由此可知，影响学习最重要的因素是学生已有的知识基础。这种原有知识（个体经验）是学习新知识（社会历史经验）的基础，没有这个基础，新知识的学习是无效的。[①]

（二）对本教学模式的启示

在数学教学过程中要找准与新课学习相关的原有知识，并在备课中设计合适的课堂探究活动，帮助学生建立起新旧知识之间的联系，让新知识生长在已有的经验基础之上。课堂上，要激发学生的学习动机，创设情境，提供有意义的学习材料，让学生在真实的情境中积极主动地参与到学习中。所以在本教学模式的实施过程中，在学生正式进入新课之前，设计了预学单。预学单一方面唤醒学生已有的知识经验基础，另一方面，让教师充分掌握每一名学生的学情。

有意义学习给我们的重要启示是，并不是所有的课都适合探究式学习和自主学习。学生在校园这个环境中不可能事事都去发现、去经历，有些知识是需要教师传授的，正确的讲授式教学能够帮助学生高效率地掌握知识。在日常教学过程中要避免形式主义的小组合作学习，对于一些适合讲授式教学的课型，不必非要设置小组合作学习的环节。数学课上的每一个新授的知识点也不一定都要合作学习。所以，在本教学模式实践的过程中，要根据不同的课型合理设置自主探究活动，有时候一节课上有两次小组合作学习活动，有的时候有一次，也有的课型没有小组合作学习活动。

---

① 王惠来.奥苏伯尔的有意义学习理论对教学的指导意义[J].天津师范大学学报(社会科学版),2011(2):67-70.

三、最近发展区理论

(一)理论概述

20世纪30年代,苏联心理学家维果茨基首次将"最近发展区"这一概念引入儿童心理学的研究。他认为,教育对儿童的发展能起到主导作用和促进作用,但需要确定儿童发展的两种水平:一种是已经达到的发展水平;另一种是可能达到的发展水平,表现为"儿童还不能独立地完成任务,但在成人的帮助下,在集体活动中,通过模仿,却能够完成这些任务"。这两种水平之间的距离,就是"最近发展区"。把握"最近发展区",能加速学生的发展。

(二)对本教学模式的启示

本教学模式的实施是知识迁移和运用"最近发展区"理论的过程。课堂上,学生需要在教师的引导和同学们的帮助下,通过模仿、探究、内化等方式,建构自己的知识结构,努力达到学习目标。本教学模式立足最近发展区理论,教师借助预学单了解每一名学生已经达到的水平,从新旧知识的密切联系中抓住新旧衔接点,合理设置自主探究活动;学生通过小组合作学习和教师的引导,经过分层练习,尝试达到新的学习目标,掌握新知识。

四、建构主义理论

(一)理论概述

建构主义的学习观认为,学习不是知识由教师向学生的传递,而是学生建构自己的知识的过程;学习者不是被动的信息吸收者,而是主动地信息建构者,这种建构不可由其他人代替。学习是个体建构自己的知识的过程,这意味着学习是主动的,学习者不是被动的刺激接受者,他要对外部信息做主动的选择和加工。知识是学习者在新旧知识经验间反复、双向的相互作用过程中建构起来的。建构主义的学生观认为,学习者(学生)并不是空着脑袋走进教室的。在日常生活中,在以往的学习中,他们已经形成了丰富的经验,小到身边的衣食住行,大到宇宙、星体的运行,从自然现象到社会生活,他们几乎都有一些自己的看法。[①] 就像刚刚进入小学的学生,在接触数学课的时候,他们的生活经验里已经有很多关于数学的内容,只不过这些内容不够系统和规范。

（二）对本教学模式的启示

《义务教育数学课程标准(2022版)》指出:强化对数学本质的理解,关注数学概念的现实背景,引导学生从数学概念、原理及法则之间的联系出发,建立起有意义的知识结构。小学数学"三点一线·五维一体"学教融合教学模式的出发点就是基于建构主义的学习观,让学生在课堂上通过自主学习、合作学习从而建构自己的知识体系。而教师在备课的时候,要确定每节课的新旧衔接点,就是要充分考虑学生的已有知识经验,让新知识生长在学生的已有知识、经验的基础之上,让新知识和旧知识一起形成新的知识体系。

五、掌握学习理论

（一）理论概述

20世纪60年代,以美国布鲁姆为代表的一些教育家,创立了掌握学习理论。掌握学习理论认为,如果接受了理想的教育,得到了足够的学习时间,那么绝大多数学生是能够掌握学到的内容,达到学习目的的。掌握学习理论强调在教授新学科之前,要考虑学生需要掌握前面学科的哪些旧知识,通过测试,发现缺漏就先补好;学完一个单元又要通过测试发现学生知识没学好,又要补好。这样反馈、矫正,一环扣一环,扎扎实实地抓下去。[②] 并且,布鲁姆通过研究发现,如果给学生创造有利的学习条件(这里的学习条件是

---

① 温彭年,贾国英.建构主义理论与教学改革——建构主义学习理论综述[J].教育理论与实践,2002(5):17-22.

② 郑建.浅谈布鲁姆掌握学习理论[J].外国教育研究,1990(1):27-30.

指学生学习并达到掌握所学内容必需的时间、给予个别辅导和重新学习的机会等),大部分学生之间的学习能力、学习速度和继续学习的动机差异不会太大。

（二）对本教学模式的启示

根据布鲁姆的掌握学习理论,在小学数学教学过程中教师应当为学生掌握学习创造有利的条件,并相应地采取灵活多变的教学手段以促进每一个学生掌握学习方法,达到每一个学生都获得数学发展的目的。小学数学"三点一线·五维一体"学教融合教学模式以预学单为载体了解学情,通过前测及时查漏补缺。实施当堂训练、当堂检测,及时巩固所学内容,尽量在课堂上解决疑惑。单元授课结束之后有单元检测,每一学期有学期检测,按时评价学生的学习情况。对于不同学习水平的学生,设置不同的学习任务,设计分层次练习和分层次作业,让不同学习水平的学生在数学学习上都能"吃得饱""吃得好"。

小学数学"三点一线·五维一体"学教融合教学模式从探索之初就建立在深厚的理论基础之上。本教学模式流程中的研究课程标准、构建学科知识框架、集体备课(以下简称集备)和教师个人备课(以下简称个备)都要明确学生的已有知识经验,以此找准学生学习的起点;在本教学模式的实践过程中,一直关注不同学生的个体差异,实施分层次差异教学,因生、因材施教;通过教学情境的创设、小组合作以及精选练习,为学生提供有意义的学习资料,帮助学生建构自己的知识体系。通过完善的评价体系,全程、全面检测学生的学习效果。

第三节　小学数学"三点一线·五维一体"学教融合教学模式的内涵与结构

一、内涵

（一）"三点一线"的含义

"三点"是指每一课时的新旧衔接点、自主探究点、链接拓展点。新旧衔接点，是指新知与旧知的关联点。自主探究点，是指基于新旧衔接点，学生在课堂上通过自己思考、小组探究、合作交流、教师点拨可以学会的知识点。链接拓展点，是指数学知识的应用点、拓展点以及数学文化等在课堂中的渗透点。

"一线"是指教研、集备、教、学、评这一数学教学的主线。

"三点一线"就是研备中，解读课标，研读教材，析理每节课的内容新旧衔接点、学生自主探究点和作业链接拓展点，在教学设计中体现教、学、评"三点"整体设计，以学定教，学教并重。教学中，以新旧衔接点为教的起始，以自主探究点为学的根本，以链接拓展点为评的标准，"三点"贯通课堂始终，同时因生、因层、因类动态不断调整"三点"基准，以教导学，以学定教，学教融合，转换教学方式。评价时，围绕"三点"对学生进行多元评价。

（二）"五维一体"的含义

"五维"是指教研、集备、教、学、评价（以下简称"研、备、教、学、评"）五个维度。"五维一体"是指以"减负，提效，素养"为目标，按照"三点析理"的内容将"研、备、教、学、评"这五个维度串联起来，成为一个整体，为课堂教学理出一条清晰的"线"。研：教研时研读课程标准，整理知识体系，在单元整体设计的基础上将课时教学内容准确定位。备:集备和个备。集备时确定每节课的"三点";个备是教师根据师情和所任教班级的学情进行个性化教学设计。教与学:教学中落实"三点"。评价:最后围绕这"三点"对整个学习过程进行评价,并以评价逆向反馈学、教、备、研存在的问题。

(三)"学教融合"的含义

遵循教育教学规律,因材施教、因层施教、因类施教,不刻意追求学与教的先后顺序,以促进全体学生发展为出发点,课堂上根据学生出现的问题及时指导、帮助学生,以教导学,学教融合。根据每节课的具体教学内容,自主探究点可能是一个,也可能是两个,探究活动也对应地有一次或者两次。具体来说:教师在进行详尽的三点析理的备课之后,制定预学单,要求学生自主完成。教师结合学生预学单的完成情况,对学情有更清楚的认识,给学生出示明确的自主学习目标。课堂教学的第一环节是出示学习目标。教师对于学生在这一教学环节需要掌握什么学习内容、用多长时间、采用什么样的学习方式等提出具体要求。课堂教学的第二环节是自主探究学习。为保证探究学习的有效性,将学生按照不同的特质进行分组,指定组长,训练学生探究学习的方法。课堂教学的第三个环节是反馈答疑,总结提升。教师根据学生的自主合作学习情况对这一知识点进行答疑,深化总结。课堂教学的第四个环节是分层练习,当堂检测,及时反馈。在课堂上,教师根据本节课的学习目标和学生的不同情况设置一定量的分层题目让学生当堂做完,检查教学效果,并对出现的问题及时纠正。课堂教学的最后一个环节是评价总结,回顾提升,帮助学生建构自己的知识结构。在课堂上落实减负提质的目标,个性化指导、分层次教学,提升学生素养。

(四)"三点一线""五维一体"和"学教融合"之间的关系

"三点一线""五维一体"和"学教融合"是"课前+课中+课后"的研、备、教、学、评一体化设计。课前确定新旧衔接点、自主探究点和链接拓展点的具体内容,按照这三点的内容备课、上课。课堂上以新旧衔接点为教的起始,以自主探究点为学的根本,以链接拓展点为评的标准,"三点一线"贯通课堂始终,同时因生、因层、因类动态不断调整"三点"基准,以教导学,学教融合,转换教学方式。最后围绕"三点"对整个学生进行评价,并以评价逆向反馈"学、教、备、研"存在的问题。

二、结构体系

小学数学"三点一线·五维一体"学教融合教学模式的流程如图 1-1 所示。

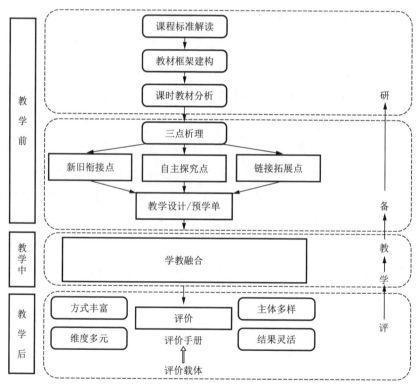

图 1-1　小学数学"三点一线·五维一体"学教融合教学模式流程图

本教学模式注重学生数学核心素养的发展,实施过程分为三大步五维度。一是教学前的教研和备课过程,教研的时候解读课程标准,建构教材知识框架,在单元整体设计的基础上,进行课时教材分析。集备时分析、梳理出每课时的新旧衔接点、自主探究点和链接拓展点;个备时根据师情、生情进行教学设计,设计预学单。二是教学中采用"学教融合"教学模式,教师的教和学生的学在课堂教学五环节中互动加强。三是教学后对学生和整个教学过程进行评价,以评价手册为载体,根据课程标准的要求,采用丰富的评价方式、多元的评价维度、多样的评价主体和灵活的评价结果。通过评价学生的学习来逆向反馈"教、备、研"的问题。这三大步五维度是一个环环相扣的整体。

(一)"三点析理,整体设计"研备范式

从"教教材"到"用教材",全面解读课标,系统研读教材,形成了"三点一线,整体设计"的教研集备新范式。

1. 研读课程标准

课程标准是教学的依据,总体预设了学习特定课程的目标、内容、教学过程及效果,是衡量教师教学质量高低的基本尺度。[①] 进行"三点析理"的前提是研读课程标准,教师必须非常熟悉课程标准,教研组要在固定的时间进行校本教研。教研活动的第一项任务就是研读解读课程标准,对照教学进度,找到课标中对这一部分的要求,找到达成目标的关键词,对相关行为动词进行分解,然后找到教材中对应的教学内容,并给出具体的教学策略和学生要达到的具体可描述的学习目标,实现"教、学、评"一体化设计。

2. 整理教材知识框架

教材的知识框架帮助教师把握知识间的纵向、横向联系,挖掘新旧知识间本质而内在的联系,并为学生提供与新学习课题具有更多相似性、联系性的材料,使已经获得的知识成为新知识的基础。教师只有熟悉教材知识结构,准确把握知识之间的联系,才可以帮助学生跨越思维的障碍点,完善学

---

① 王本陆.课程与教学论[M].北京:高等教育出版社,2017:56.

生的数学知识体系,及时有效地培育好迁移的土壤,为学生顺利进行有效学习迁移做好必要的知识储备。[①] 为了让所有数学科任教师更快地把握数学知识的前后联系,教研组在学期初集备时就整理出数学教材知识框架,这样两个学期之后,整个小学阶段的知识结构图就有了,其他教师在备课时可以参考、学习,也可以根据教材的改版进行改动。教师备课时,对教材的知识框架熟稔于心,就能在教学设计时把学情分析到位,并根据学情设计合理高效的自主探究活动。

3. 析理课时"三点"

在集备的时候,基于课程标准的解读和教材知识结构的分析,教师分析整理出每个课时的新旧衔接点、自主探究点和链接拓展点。

(1) 新旧衔接点,是指新学习的内容与学生已经掌握的知识、经验等相关联的点。由于数学教材编排的连贯性和顺序性,数学教师要在备课前认真钻研教材,分析学情,瞻前顾后,溯源探流,准确找出所教知识的新旧衔接点,使得学生运用已经掌握的知识、方法、经验,通过迁移、衔接、转化等方法解决新问题,体现数学知识的连贯性,构建学生思维的连续性。教材在编写时都遵循了由易到难的原则,前后知识都存在着密切的联系。在教学的过程中,学生不一定能够找到新旧知识之间的联系,教师就要很好地搭建知识的桥梁,使学生的思维、知识、学习方法等能够很好地衔接起来,使新知识融入已有知识的网络,建构新的知识体系。在数学教学过程中,应抓住新旧知识的衔接点,引导学生以旧探新,展开主动的探究活动,实现知识的顺利迁移。

(2) 自主探究点,是指学生课堂上通过自己思考、小组探究、合作交流、教师引导可以学会的学习内容。教师在备课过程中挖掘教材的探究点,体现"学教相融"教学方法,充分发挥学生在课堂上的主体作用,通过学生的探究性学习、自主合作学习,带领学生自主建构数学知识框架。根据儿童的心

---

① 冯育花. 关注学习迁移 有效提升小学生数学学习能力[J]. 教学纵横,2018,(4).

理特点,在教学中要让学生充分地动手操作、积极地自主探索和大胆地合作交流,让学生亲身经历观察、实验、猜测、验证、推理、交流等数学活动,从而培养学生自主探究的能力。教师在梳理自主探究点的时候,结合一节课的知识点、学生的学情,合理地设置自主探究的环节,让学生都能在独立思考的基础上参与探究学习。根据维果茨基的"最近发展区"理论,把课程标准的要求细化为课时教学目标,教学目标就是学生潜在的发展水平。在课堂上,通过自主探究点的落实,让学生达到潜在发展水平,不断循环上升,提升素养。

自主探究点能够促进学生独立思考能力的发展。自主探究点的前提是自主学习。解决问题时首先要给学生充分的独立思考的时间。独立思考是合作学习的基础。学生如果没有独立思考,没有形成自己的思想与认识,那么,在探究合作学习中只能是观众和听众。自主探究点发展学生主动探索、合作交流的能力。学生面对问题,在独立思考的基础上寻找解决问题的方法或途径时渴望与人合作交流;有的在探索的基础上遇到了疑惑,这时学生同样也渴望合作交流,希望在交流中能开拓、补充、修改自己的想法,争取早点找出解决问题的策略。因此,在课堂上应利用学生的这种心理,抓住自主探究点,因势利导地组织有效的小组学习,激发学生的学习热情。

(3) 链接拓展点,是指数学知识在生活中的应用点、拓展点,以及数学文化等在课堂中的渗透点。《义务教育数学课程标准(2022 年版)》指出,数学课程要培养的学生核心素养,即"三会":会用数学的眼光观察现实世界、会用数学的思维思考现实世界、会用数学的语言表达现实世界。落实链接拓展点就是落实数学素养点的过程。数学本身是一门应用性很强的学科,仅限于知识的讲授不能让学生感到数学学习的意义。数学学科中的很多思想方法凝结了几代数学家的汗水。在课堂上要让学生充分感受数学在生活中的应用,了解数学文化,体现数学教学的教育价值和应用价值。建立数学与学生的生活经验的联系,从学生熟知、感兴趣的生活事例出发,将生活经验数学化,促进学生的主动参与,焕发出数学课堂的活力。在教学过程中,可以链接拓展以下几个方面：一是针对所学知识拓展一些与教学情境有关的内容，开阔学生的视野，加强学科之间的联系，实现跨学科教学。正如《义务教育数学课程标准（2022年版）》所说"将社会主义先进文化、中华优秀传统文化、国家安全、生命安全与健康等重大主题教育有机融入课程"，实现学科育人的目的。二是将数学知识生活化、生活问题数学化，建立数学与现实世界的联系，发展学生的应用意识，用数学的概念、原理和方法解释现实世界中的现象与规律，解决现实世界的问题。三是介绍与所学知识相关的人物、故事等。例如，在学习三角形的内角和时，我们给学生讲述了帕斯卡发现三角形内角和是180°的故事；学习圆柱、圆锥体积时，我们给学生讲述阿基米德与"圆柱容球"的故事；学习小数的意义时，通过讲述祖冲之计算圆周率的故事，让学生理解小数十进制的表达，了解中国数学家对世界数学发展做出的杰出贡献。

4. 以预学单为载体了解学情

数学学习要面向全体学生。由于学生的认知水平和学习能力之间的差异，加之遗忘规律的影响，课堂上并不是所有学生的已有知识都能被唤醒。为了充分了解学情，因材施教，帮助学生搭建新旧知识的沟通桥梁，帮助学习有困难的学生提高课堂效率，我们在新授课之前设计了预学单。预学单一般包含"温故知新"——复习、"新知探究"——新课探究、"链接拓展"——拓展延伸和"你的疑惑"——问题记录四个部分。其中，"温故知新"部分对应新旧衔接点，是学生在课前必须完成的部分，用于教师在课前了解学情，让学生在已有知识经验的基础上找到学习的生长点；"新知探究"部分对应自主探究点，学生可以根据自己的实际情况尝试做，这一部分用于课堂上的自主探究和小组合作学习，课堂上的"新知探究"是"先学"的载体；"链接拓展"部分对应链接拓展点，是教学内容的拓展延伸；"你的疑惑"让学生记录自主预习过程中的问题。

（二）"三点一线，学教融合"教学模式

从关注知识点传授的"以教为中心"到关注素养提升的"学教融合"教学

方式转变,建构了"三点一线,学教融合"课堂教学模式。

根据每节课的具体情况,自主探究点可能是一个,也可能是两个,探究活动也对应地有一次或者两次。以一次探究活动为例:

第一个环节:出示学习目标。学习目标明确地给出学生在这一教学环节需要掌握什么、采用什么样的学习方式等具体要求。

第二个环节:自主学习,合作探究。为保证探究学习的有效性,将学生按照组间同质、组内异质的原则进行分组,指定组长。在日常教学中不断教给学生自主探究学习、合作探究学习的方法。学生的独立探究学习是合作探究的基础。没有个体的自主探究学习而展开集体的合作讨论,就如无根之树、无源之水,没有根基,在集体讨论的时候发表意见或者见解可能不充分、不全面。教学中必须让学生先自主探究学习,给学生独立思考的时间和独立尝试解决问题的机会。让学生利用自己已有的知识、经验、方法等通过观察、尝试、操作、分析、比较等方法探究新知,初步建构自己的知识结构。当学生有了自己的见解、方法或者遇到了困惑的时候,自然而然产生了与他人交流的强烈欲望,这时候再进行小组合作学习,小组内每个人都要发表自己的见解,即使自己没有找到解决问题的方法,也要说出自己的困惑。小组成员通过交流、倾听、操作验证等方法探究新知。教师巡视学生的活动,对于学生的做法、见解、疑惑及时给予点拨,帮助学生理解新知,建构新的知识结构。

第三个环节:全班交流,反馈答疑。数学解决问题的方法是多样的,小组交流有一定的局限性,全班交流就是让全班共享研究成果,取长补短,共同丰富和完善解决问题的策略。同时,全班交流也给小组展示的机会,在展示中锻炼学生的数学思维、语言表达能力、组织协调能力。由于认知水平和语言表达能力的限制,学生在课堂上产生的一些解决问题的策略,有些是转述别人的,有些是浅层次的,有些是模糊的,有的是片面的,甚至有的是错误的。学生进行汇报交流的时候,教师要及时进行评价与点拨,促使这些方法与策略从特例走向全体,从浅层走向深刻,从模糊走向清晰,从片面走向全面,从错误走向正确。① 在这一环节,教师还要引导学生进行组内评价、组间评价,并对学生的学习过程进行评价。

第四个环节:分层练习,当堂检测。知识的掌握与技能的形成,必须经过一定量的反复练习。对于本节课的学习情况,教师要及时得到反馈,以便有针对性地对学生进行指导。所以,教师根据本节课的学习目标和学生的不同情况设置一定量的分层题目让学生当堂做完,检查教学效果,并对出现的问题及时纠正,个别指导。这样让学生当堂掌握所学知识,对于个别不能当堂掌握的学生,教师再根据情况利用课后服务的时间个别指导,保证每一个学生都在学校掌握当天所学知识,提高学习效率,减轻学生的课业负担。分层练习分为必做题和选做题。必做题是仿照例题的题目,是按照课程标准的要求,每个学生必须掌握的知识;选做题是在必做题的基础上进行拓展练习,对应"三点"中的链接拓展点,让不同的学生在课堂上都有收获。教师边巡视、指导、批改学生的练习,边对学生的学习过程和学习效果进行评价。

第五个环节:评价总结,回顾提升。学生对于新知识的学习,有的时候是表面的模仿。要让学生真正把知识内化吸收,完成自身知识体系的建构,需要让学生把握知识的本质。所以,在练习的环节之后,让学生先自己想一想,通过这节课的学习有什么收获,然后和小组的同学交流一下自己的收获,最后全班交流。学生的语言表达能力和概括能力会有一些欠缺的地方,或者说总结概念有不规范的地方,所以在学生交流的基础上,教师带领学生回顾知识学习的过程,对学生的交流进行总结提升,将规范的、全面的知识、方法、技能经验总结出来,并对学生在整节课学习过程中的表现进行评价。在这一环节,还将进行数学文化的拓展或者跨学科拓展,体现"三点"中的链接拓展点。

在整个教学过程中,学和教融合共生,在师生互动、生生互动中落实教学目标,提升学生素养,促进教师专业发展。

---

① 刘仍轩.串出精彩——情境串教学法课题研究集萃[M].青岛:青岛出版社,2009:91.

（三）"五维一体，多元评价"评价机制

从以考试成绩为主的总结性单一评价到关注学生素养的多元、多维评价，提炼出"五维一体，多元评价"新标准。

"发挥评价的育人导向作用，坚持以评促学、以评促教。"[①]"五维一体，多元评价"的评价机制，就是要通过评价学生的学习过程、学习结果，及时发现学生学习过程中出现的问题，及时纠正学生出现的错误，对于学生的精彩表现及时肯定，让学生在课堂上获得学习的成就感和满足感，培养数学学习的自信心和兴趣。同时，通过对"学"的评价反馈"教、备、研"的实效。

1. 对学生的评价

（1）星级评价。以往的课堂上，我们对学生的评价大部分停留在教师口头评价，并且即使是口头评价，评价的语言也比较匮乏、单调，一般就是"很好""非常正确""你真棒"这样的结果性评价语。进行研究之后，我们让同伴、自己也成为评价的主体。教师负责学生的作业、课堂表现以及测验等的评价；同伴主要在小组学习表现、小组作业互批、课堂回答问题等方面进行评价；学生对自己的评价包括作业的用时、正确率、理解程度等方面。对学生的评价，不仅限于做题是否正确，回答问题是否正确，还包含对做题速度的评价、对书写质量的评价、对错误的改正评价、对学习方法的评价、对学习态度的评价等方面。

围绕新旧衔接点、自主探究点和链接拓展点，以《学生发展性评价手册》为载体，多样的评价主体以丰富的评价方式对学生进行多元多维评价。通过教师评价、生生评价、组内评价、组间评价等多种方式，按图1-2所示实施数学学科的星级评价，融入学校制定的《学生发展性评价手册》，运用评价星、评价章、评价贴这些学生喜欢的、可量化的手段对学生学习过程中的各个维度进行评价。

---

① 中华人民共和国教育部.义务教育数学课程标准(2022年版)[M].北京:北京师范大学出版社,2022:89.

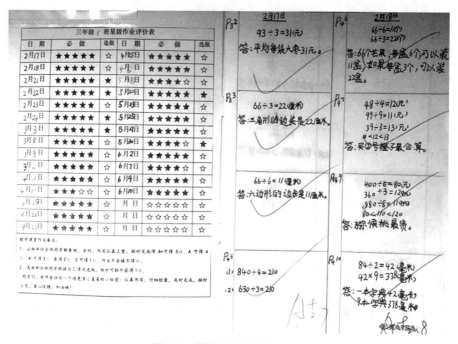

图 1-2　数学星级作业评价表

通过及时评价加延时评价、过程性评价加终结性评价,让评价贯串学习的整个过程。在口头评价学生的基础上,还有写评语、盖印章、发粘贴、发奖状等多种形式的评价。以学生的作业为例,如果学生写作业的时候态度认真,按时完成,可以奖励一颗星,直接画在学生作业本上,根据画的星数量给学生在评价手册上兑换相应数量的印章。教师在批改作业的时候采用星级评价表,学生集齐五颗星可以在《发展性评价手册》上盖一个章,每得到一定数量的章就可以兑换评价贴,期末根据评价贴数量参评相应的奖项。

(2)学业述评。随着《深化新时代教育评价改革总体方案(2020 年)》的发布以及素养导向的 2022 年版新课程标准的出台,"学业述评"走入一线教师的视野,成为教学评价中的重要部分。根据课程标准的要求,基于发展学生核心素养,转变教与学的方式的目的,学业述评有其原则和特点。自 2022 年起,笔者开始进行以"持续·全面·个性·成长"为主题的学生学业述评实验。"持续·全面·个性·成长"既是学业述评的特点也是学业述评最终的目标。

学业述评具有持续性和全面性,全学期不间断、全方位、多角度进行。在实际操作中,教师要注重日常积累。教师在课堂教学、课外活动、集体活动、课后作业中通过观察、谈话等方式了解学生学习的真实情况,对每个学生的学习态度、学习方法、学习习惯、学习成效等进行定期、全面的诊断与分析,形成过程性材料。

学业述评具有个性化和成长性,因人而异,一生一案,前后衔接,找准基点。《义务教育数学课程标准(2022 年版)》指出:"根据学生的年龄特征,评价结果的呈现应采用定性与定量相结合的方式,关注每一名学生的学习过程"。"评价结果的呈现应更多地关注学生的进步,关注学生已有的学业水平与提升空间,为后续的教学提供参考。"学业述评方案设计见附录1。

2. 对整个教学过程的评价

以评价逆向反馈"研、备、教、学"的问题,以评促学,以评促教,实现"研、备、教、学、评"五维一体的教学设计。评价学生的学习结果,一旦发现问题,一定是学习的过程中存在问题,学的问题指向教的问题,教的问题指向备课的问题和教研的问题,这样倒推寻找问题,以评促教,以评促备,以评促研,切实提高教研集备水平和课堂教学水平。

第四节　小学数学"三点一线·五维一体"学教融合教学模式的现实意义

一、落实国家教育方针，促进义务教育优质均衡发展

孔子提出了"有教无类"的思想。无论贵族与平民，只要有心向学，都可以入学受教，这是中国传统文化中对于教育公平的阐释。随着我国城市化进程的加快，越来越多的农民工子女跟随父母到城市就读，让他们享受公平而有质量的教育是国家的政策。

2003 年，《国务院办公厅转发教育部等部门关于进一步做好进城务工就业农民工子女义务教育工作意见的通知》要求"充分发挥全日制公办中小学的接收主渠道作用。全日制公办中小学要充分挖掘潜力，尽可能多地接收进城务工就业农民子女就学。要针对这部分学生的实际，完善教学管理办法，做好教育教学工作。在评优奖励、入队入团、课外活动等方面，学校要做到进城务工就业农民子女与城市学生一视同仁。学校要加强与进城务工就业农民子女学生家庭联系，及时了解学生思想、学习、生活等情况，帮助他们克服心理障碍，尽快适应新的学习环境。"《国家中长期教育改革和发展规划纲要（2010－2020 年）》指出："推进义务教育均衡发展。""均衡发展是义务教育的战略性任务。"作为承担着部分外来务工人员子女教育责任的学校，让所有学生同享公平而有质量的教育是学校的责任。作为生源薄弱校，更需要通过教学方式转变提升学校的教学水平。

党的十八大报告提出："大力促进教育公平，合理配置教育资源，重点向农村、边远、贫困、民族地区倾斜，支持特殊教育，提高家庭经济困难学生资助水平，积极推动农民工子女平等接受教育，让每个孩子都能成为有用之

才。"随着我国城市化进程的加快,越来越多的农民工进入城市生活,随之而来的是农民工子女大量进入城市公办学校就读。在实现教育公平的背景下,很显然仅仅有平等的入学机会是远远不够的,农民工子女教育还需要过程的公平和结果的公平。

《中国教育现代化2035》提出了推进教育现代化的八大基本理念:更加注重以德为先,更加注重全面发展,更加注重面向人人,更加注重终身学习,更加注重因材施教,更加注重知行合一,更加注重融合发展,更加注重共建共享。"创新思维""终身学习""因材施教",实现教育现代化、助力中华民族伟大复兴的中国梦对人才培养提出了更高、更精准的要求。不断吸纳新事物的教育才能培养有创新精神的学生,有创新思维的教师才能培养有创新思维的学生。

2023年,中共中央办公厅、国务院办公厅印发了《关于构建优质均衡的基本公共教育服务体系的意见》。该意见指出:加快校际均衡发展。聚焦新课程、新教材、新方法、新技术,加大"国培计划"实施力度,推动省、市、县、学校开展校长教师全员培训,优化师范生培养方案和课程体系,开展人工智能助推教师队伍建设行动,全面提高校长办学治校能力和教师教育教学水平。支持教师创新教学方式,深入开展精品课遴选工作,大力推广应用优秀教学成果,提高教师数字素养和信息技术应用能力。提高教师教育教学水平、创新教师教学方式成为新时代教师促进义务教育优质均衡发展的主要途径。

共享同一片蓝天,在义务教育均衡发展的过程中贡献学科力量,是本教学模式的出发点之一。在教学模式发展的任何一个阶段都着眼于不同学生的不同发展水平,因材施教,分层次教学,提升学生素养,落实国家方针政策。

二、转变教与学的方式,提高课堂教学质量

2019年,中共中央、国务院印发的《关于深化教育教学改革全面提高义务教育质量的意见》指出:"强化课堂主阵地作用,切实提高课堂教学质量。

优化教学方式。坚持教学相长,注重启发式、互动式、探究式教学,教师课前要指导学生做好预习,课上要讲清重点难点、知识体系,引导学生主动思考、积极提问、自主探究。融合运用传统与现代技术手段,重视情境教学;探索基于学科的课程综合化教学,开展研究型、项目化、合作式学习。精准分析学情,重视差异化教学和个别化指导。"教师提高教育教学能力是提高课堂教学质量的前提,教师需要充实自己的专业知识,不断改进教学行为,注重教学方法的使用和因材施教。小学数学"三点一线·五维一体"学教融合教学模式就是要转变以往的单一的"填鸭式""满堂灌"的教学方式,倡导启发式、探究式教学,共建师生互动、生生互动的有效课堂。以预学单为载体指导学生有效预习,精准掌握学情。课堂教学过程中,分层分类指导学生进行学习,设置分层次拓展练习,让不同的学生在数学上获得不同的发展。

2019年教育部颁布的《关于加强和改进新时代基础教育教研工作的意见》指出:"加强对课程、教学、作业和考试评价等育人关键环节研究。强化国家课程研究,指导学校和教师准确把握国家课程方案和课程标准,做好课程实施工作;加强地方课程和校本课程开发研究,丰富学校课程体系,满足学生多样化发展需求。加强综合性和实践性教学研究,指导学校和教师不断创新教学组织形式和教育教学方式。加强作业设计研究,指导学校和教师完善作业调控机制,创新作业方式,提升作业设计水平。加强考试评价改革研究,提高考试命题质量,推动建立以发展素质教育为导向的科学评价体系。"小学数学"三点一线·五维一体"学教融合教学模式实施的第一步就是研读课程标准,并通过社会实践活动的形式加强学生的跨学科学习能力。引导教师积极参与各项命题设计、课后作业设计比赛,提升专业水平,提高课堂教学质量。

三、改变师生精神面貌,提升学校办学质量

(一)助力学生健康成长

笔者和同事曾经在学校做过一项"新市民子女的教育现状调查",从"你

的需求"一项调查结果看,新市民子女及其家长认为社会捐款、捐物的重要程度最低,尤其是"捐赠衣物或其他生活用品"被认为是最不重要的,排在了最后。却不约而同地把"享受与城市学生同等的教育权利""消除歧视"和"给予孩子融入城市的心理支持和发展后劲"认为是最重要的需求。随着新生代农民工在城市扎根,他们在城市有稳定的工作和住所,孩子也出生在城市,在城市接受学前教育,除了户籍所在地不同之外,大部分新市民子女与城市同龄儿童的成长环境不相上下。

在国家的各项入学政策实施之后,新市民子女教育在"入学难"上已基本得到了政策上的权利保护,学校教育中学生的融入城市学习、生活问题比较突出,出现了教育过程的"不公平",表现在课堂参与和获得公平公正的评价方面存在明显的被边缘化的问题。新市民子女比较集中的学校,学校的管理、教师的教学任务都不会因为生源的差异而有所差别,在正常的教学行为和学生管理中提升新市民子女的整体素质和精神状态成为学校教育中的一项任务。

作为教师,首先要真正从内心接纳新市民子女,将他们和城市学生一样看待。新市民子女的教育应该和其他的孩子一样:顺应其天性,发展其个性。将帮助新市民子女适应城市生活、融入城市文化作为教育的目标。其次,教师要转变教学方式,提高教学质量。

(二)促进教师成长

以往,在教育教学过程中,当遇到班级教学质量差、纪律差的情况时,教师将原因归结为班级新市民子女多,他们的学习成绩差,拉低了全班同学的成绩。所以在教师择岗的时候,都想办法避免进入接收新市民子女就读的学校,认为这样的学校生源差,教学工作比较费力。不得已进入新市民子女就读学校的教师,经常对新市民子女做出不客观的评价。身为城市人的优越感、缺少对新市民子女深入的了解、理想和现实的巨大差距,使得部分教师的有些行为、言语在不经意间伤害到学生的自尊心。即使在没有新市民子女就读的学校,教师在教学的过程中有时也会按照自己的喜好对学生进行区别对待。教师的责任是教书育人,新时代的教师以立德树人为己任。所以教师在教学过程中要树立正确的教学质量观。教学质量高并不单纯是指学生的学业考试成绩好。教师要让学生通过学科的学习,不断增强综合素养,积累学科学习经验,并且在与教师的交流、同学的互动中潜移默化地融入集体,树立自信心。教师还要一视同仁,用宽容、包容的心态公平地对待每一位学生,让每一名学生,特别是新市民子女都感受到来自老师的爱和温暖。

"只有把教师看做自我发展的主体,激发教师专业发展的内在动机,促进教师自我发展的主动性,才能使教师处于不断发展的状态,才能促进学生不断地进步。"①对大部分教师来说,既有甘当人梯、奉献学生的情怀,又有为了国家的教育事业挥洒热血的澎湃激情,在这之余,教师也对自身的成长有无限的期待与向往,这种期待与向往让教师有主动发展成长自我的动力和勇气。教育不仅仅是成就学生的事业,也应该是成就教师的事业。教师在职业生涯中,只有将自己的成长与学生的成长结合,将自身的发展与教育事业的发展结合,将自身的成就与国家社会的进步结合,才能在平凡的岗位上实现不凡的人生,才会在繁重复杂的工作中坚守对教育的热爱。

习近平总书记号召全国广大教师"要做有理想信念、有道德情操、有扎实知识、有仁爱之心的好老师,为发展具有中国特色、世界水平的现代教育,培养社会主义事业建设者和接班人作出更大贡献"。"支持教师和校长大胆探索,创新教育思想、教育模式、教育方法,形成教学特色和办学风格,营造教育家脱颖而出的制度环境。"②新时代给予了教师广阔的空间,同时也为教师搭建了向更高层次发展的平台,鼓励教师根植于扎实的教学知识,大胆探

---

① 徐继存,车丽娜.课程与教学论问题的时代澄明[M].济南:山东教育出版社,2008:188.
② 中共中央国务院关于全面深化新时代教师队伍建设改革的意见[N].人民日报,2018—02—01(1).

索,不断创新,形成自己的教学特色。小学数学"三点一线·五维一体"学教融合教学模式的提出、发展、提炼的过程,也是笔者作为一名教学一线的小学数学教师不断成长的过程。笔者经历了初为教师的迷茫与惶恐,也经历了新手教师承受的压力。在不断地探索与实践的过程中,笔者渐渐成长为一名骨干教师,在一方小小课堂与学生一起成长。

第二章

小学数学"三点一线·五维一体"学教融合教学模式的形成

　　得益于党和国家对教育事业的重视，和所有的新教师一样，笔者入职后得到了有计划、系统性的职后培训与培养，从而能够发现课堂教学中的问题，并能够通过长期系统的研究解决这些问题。笔者在研究的过程中得到了学校的大力支持及高校专家、名师工作室主持人的倾心指导。以各级课题研究为载体，笔者在实践中不断学习与成长，日积月累，坚持反思与改进，在借鉴他人优秀教学法的基础上逐渐形成自己的教学模式，并不断在实践中完善和改进本教学模式，以教学成果评选、优秀教学法评选和优秀教学法推介会为平台，将本教学模式进行提炼、推广。

第一节　小学数学"三点一线·五维一体"学教融合教学模式的提出和发展

一、成为教坛新秀

(一)积极参加职后培训

对新教师的培养,青岛市教育局、市北区教体局和学校都做了详细的计划,笔者像海绵吸水一样在各个领域的培训中吸取教育的力量。作为新手教师,笔者先后参加过新教师入职培训、区小学数学骨干教师研修班、区教坛新秀培训班。这些高质量的培训与研修,为笔者提出和提炼教学模式打下了坚实的基础。

在参加区小学数学骨干教师研修班期间,笔者跟随教研员、教学名师、骨干教师系统地进行了教材知识结构梳理、解读课标等理论学习,并多次跟随研修班赴各地听课、学习,增长了实践经验。特别是通过梳理教材知识结构,为之后小学数学"三点一线·五维一体"学教融合教学模式中教研模式的建立提供了思路。在研修学习期间,我们就尝试进行习题和作业设计的探索,为笔者后来系统地进行作业和习题设计打下了基础。

此外,读书是专业成长的必经之路,笔者有幸参加了区青年教师读书班,读了很多教育名著,在读书中获得成长,遇到工作中的困惑,笔者习惯从书中寻找答案。书读得越来越多,读书笔记也记得越来越多。在小学数学"三点一线·五维一体"学教融合教学模式的发展与提炼的过程中,我们借鉴了很多教育教学名著中的观点。

（二）在一线教学实践中成长

笔者自参加工作以来，一直在数学教学一线工作，长期担任数学教研组组长。在担任教研组组长期间，笔者带领教研组成员积极投身学校课堂教学改革，在日常教学工作中抓教学研究和集备质量，保证教学过程中教师们进度一致、目标一致、作业设计一致。在担任分管数学的教学干部期间，笔者一方面加强自身的理论实践修养，另一方面积极培养数学骨干教师，先后指导多名新教师执教市北区级公开课，指导多名教师参加市北区、青岛市优质课比赛并获奖，为学校打造了一支高水平的数学教师团队。无论是教学研究还是班主任工作，笔者都时刻将"认真"两字牢记心头。在学校每年举行的教育教学年会上，笔者积极参加课堂展示活动，多次获得课堂教学展示奖。在申请本教学模式的区级课题之前，笔者就在学校范围内进行小课题研究，为后来申请区级、市级课题打下了坚实基础。

参加工作的第二年，笔者有幸被评为区名师培养工程教坛新秀。在此后的日子里，笔者以教坛新秀系统培养为契机，不断学习进步，从教坛新秀成长为学科骨干教师。

二、专家引领

（一）到名师工作室学习

名师工作室是教师成长和历练的舞台，为青年教师的快速成长注入了活力，提高了动力。入职以后，笔者先后在三个名师工作室研修学习。工作室为学员提供理论学习、外出培训、听课、评课、上课等多种锻炼机会，为笔者在专业理论和实践上提供了双重指导，让笔者迅速成长。

1. 安军莉名师工作室

2011 年 9 月到 2015 年 6 月，笔者在安军莉名师工作室进修。安军莉老师先后荣获"山东省特级教师""青岛市优秀教师""青岛名师""青岛市学科带头人""青岛市教学能手""青岛市学生最喜爱的教师"等称号。不管是上课还是给我们培训,安老师的话语都如春风化雨,润物无声。她总是面带微笑,让原本不太熟悉的我们一下子熟络起来。荣誉等身依旧深耕一线,安老师专业又专心。笔者在安老师的工作室进修了两期,安老师主要教给我课堂教学的基本功,大到教学如何设计,小到一句评价语该如何说。四年的进修,夯实了我的教学基本功,也为小学数学"三点一线·五维一体"学教融合教学模式的发展打下了坚实的基础。

2. 袁本钊名师工作室

2015年9月到2017年6月,笔者在袁本钊名师工作室进修。袁老师是山东省教育学会小数会理事、青岛市小学数学学科中心组成员,先后被评为青岛市学科带头人、青岛市教学能手、青岛市德育工作先进个人、青岛市数学会先进工作者、市北区名师、市北区首批名师工作室主持人,在区优质课评选中荣获一等奖,先后参加青岛市优质课比赛和山东省学具优质课比赛并分别获得一等奖,获2019年教育部"一师一优课,一课一名师"活动部级优课,先后执教市公开课、市名师开放课堂、区公开课。袁老师幽默风趣,听他的课感觉学生是真正在"玩中学",他有"魔法",让学生爱上学习数学。袁老师的"四轮驱动,小组合作"教学模式使笔者深受启发。通过在袁老师工作室学习,笔者对如何扎实有效地开展小组合作学习有了深刻的理解,在实践中不断地改进自己课堂教学过程中的小组合作教学。小学数学"三点一线·五维一体"学教融合教学模式中的自主探究点就是要让学生在有效的小组合作学习中主动探究新知。

3. 王旋名师工作室

2018年6月到2021年6月,笔者在王旋名师工作室研修,并获证书(图2-1)。王旋老师是青岛市教学能手、区优秀教师、区岗位能手,曾入选青岛市小学数学中心组,多次在省、市、区出公开课、观摩课、示范课,在市、区级优质课比赛均获一等奖。同时,王老师也十分注重理论研究,多篇文章发表在各级各类期刊中,并参与了青岛版小学数学二年级下册教参配套光盘的教学设计和课件制作,参与研究的两项省级课题均已结题,还多次在区、市级教研活动和会议中进行经验交流。王老师在大单元全景集备方面研究经验丰富,跟随王老师学习,让笔者在进行教学设计的时候对大单元、大概念有了更深刻理解。在小学数学"三点一线·五维一体"学教融合教学模式提炼的过程中,笔者将教研集备模式立足大单元、大概念。

图 2-1　市北区第二批名师工作室研修证书

一日为师,终身为师。时至今日,笔者虽然不再是各位名师的工作室成员,但是依然经常向他们学习、取经。他们对个人成长的不懈追求与对专业的严格要求是笔者终身学习的榜样,成为像他们一样的人是笔者的职业追求。

（二）驻校专家

从 2016 年开始,湖岛小学邀请华东师范大学吴亚萍教授驻校指导。吴教授深入教学一线,每月进行一次面对面课堂教学指导。吴教授在多年教学与科研工作的过程中,积累了丰富的理论与实践经验,主持和参与了多项重大课题研究,并且全程参与了叶澜教授主持的"新基础教育"探索性研究、发展性研究和成型性研究,获得了多项课题研究成果。从吴教授身上,我们不仅学到了先进的海派数学教学方法,更加坚定了作为学术人对工作的执着追求和高标准要求,而且感受到了吴教授严于律己、提携后人的奉献精神。吴教授给我们带来很多启示,例如,对在探究学习过程中遇到问题的学生,教师不能"见死不救",要及时"出手相救",及时扶学生一把。

在小学数学"三点一线·五维一体"学教融合教学模式的探究之初,笔者模仿"先学后教"的教学方法,但是因为学生之间的水平差距较大,有的学生"先学"根本学不会,所以原本就不自信的学生更加不自信了。在跟随吴教授学习之后,笔者意识到,对于不同的学生要给予不同的指导与帮助,在小组合作或者自主探究中,教师在巡视时要及时关注学生的不同表现,及时点拨与指导,给学生搭建向上的梯子。

三、课题导向

为了更深入地对课堂教学中发现的问题进行系统研究,笔者先后主持市北区"草根"课题、青岛市教育科学"十三五"教师专项课题、市北区规划课题,参与青岛市教育科学规划"十二五"重点课题。通过规范、科学的课题研究,集中解决数学教学中遇到的问题。按照本教学模式发展的探索、深入、完善三个层次,把与本教学模式相关的课题研究分为三个阶段。

（一）"三点梳理,先学后教"教学改革实践探索阶段（2011—2015 年）

2011 年,笔者和课题组的同事以转变教学方式、提高课堂教学质量、减轻学生过重的课业负担为目的,开始进行"三点梳理,先学后教"的小学数学课堂教学改革行动研究,这是小学数学"三点一线·五维一体"学教融合教学模式的初始阶段。在教研员的指导帮助下,最初确定的三点是"新旧结合点""自主探究点"和"链接拓展点",在课前进行课标解读、教材分析,通过教研和集备形成"三点析理"备课材料集。在课堂上进行教学方式变革,学习"先学后教"教学模式,探索以"备课过程中的三点梳理—学生自主学习—反馈答疑—当堂检测"为主要环节的教学模式。课题组设计了学生评价手册,从多方面评价学生,以评价促进学生的学习,改进教师的教学。

2014年,以市北区"草根"课题"三点梳理,先学后教"数学教学策略研究(图2-2、图2-3)为引领,继续推进教学改革,并顺利结题,"研、备、教、学、评"五维一体的雏形初现。2015年,青岛市教育科学"十二五"规划重点课题"以学校特色为实践载体的弱势群体教育策略研究"结题(图2-4)。在实践的路上,笔者始终把学情放在首位,把帮助外来务工人员子女成长作为社会责任,以课堂教学为主阵地进行公平而有质量的教育。

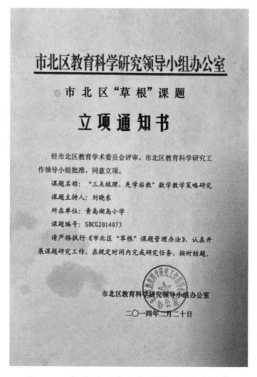

图 2-2　市北区"草根"课题立项通知书

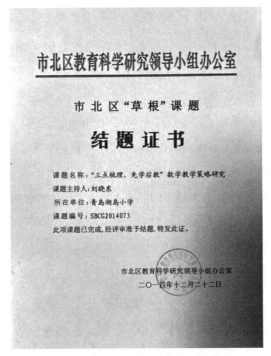

图 2-3 市北区"草根"课题结题证书

图 2-4 "以学校特色为实践载体的弱势群体教育策略研究"结题证书

（二）"三点梳理，学教融合"教学改革深入阶段（2015—2019 年）

2015 年，学校在多位专家指导下，笔者和课题组同事一起以行动研究为主，继续进行"三点梳理，先学后教"的教学研究，并申报青岛市教学科学研究规划课题。"三点梳理，先学后教"数学教学策略研究被立项为青岛市教育科学"十三五"规划 2018 年度教师专项课题（图 2-5）。该课题在 2018 年 12 月顺利开题（图 2-6）。在此期间，我们不断地在听课、评课中找问题，反思课堂教学中出现的问题，从中总结经验和教训。课题组成员逐渐在校、区、市三级教研活动中崭露头角，多位成员开设区级公开课，参与区级数学教学经验交流。笔者在这四年的时间里，也获得了飞跃式的成长。笔者先后执教区级教学研究课、公开课，获得市北区教学能手称号，指导的教师参加区优质课比赛获得一等奖。

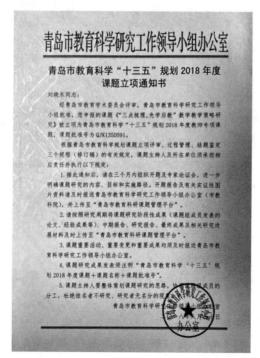

图 2-5　青岛市教育科学"十三五"规划 2018 年度课题立项通知书

图 2-6 笔者在 2018 年青岛市教育科学"十三五"规划课题开题会上做开题汇报

在教学研究和实践中,笔者发现,单纯模仿"先学后教"并不能解决实际问题,大部分学生还不具备"先学"的资质,需要及时指导。课题组根据遇到的实际情况,决定不再过于纠结教与学的先后顺序,而是及时改进教学方式,走向学教融合,当学生遇到困惑的时候及时出手相助,帮助学生解决困惑。课题组由此提出"三点梳理,学教融合"的教学模式。通过对比发现,"三点梳理,学教相融"的教学方式较之"先学后教"更适合学生的实际情况。

(三)"三点一线·五维一体"的教学改革完善阶段(2019 年至今)

2021 年,"双减"政策落地,坚持学生为本,遵循教育规律;同年,青岛市教育科学"十三五"规划课题"三点梳理,先学后教"小学数学教学策略研究成功结题(图 2-7)。小学数学"研、备、教、学、评"五维一体教学模式架构成型。2022 年,《义务教育数学课程标准》发布。对照国家要求,在省、市教学主题研究的引领下,课题组围绕"提质、减负、素养提升"的目标,丰富和完善评价机制,以三点析理贯穿"研、备、教、学、评"这一主线,保证"研、备、教、学、评"一体化实施,在实践中提炼"三点一线·五维一体"的"学教融合"教学模式。2023 年,回归课程育人本位,探究将中华优秀传统文化融入小学数学教学的路径,成功立项市北区教育科学规划课题(图 2-8)。

图 2-7　青岛市教育科学"十三五"规划课题结题证书

市北区教育科学研究领导小组办公室

市北区教育科学规划 2023 年度专项课题

立 项 通 知 书

经市北区教育学术委员会评审，市北区教育科学研究工作领导小组批准，同意立项。

课题名称：中华优秀传统文化融入小学数学教学的路径研究

课题类别：思政一体化项目

课题主持人：刘晓东

所在单位：青岛湖岛小学

课题编号：SBJKG2023016

请严格执行《市北区教育科学规划课题管理办法》，认真开展课题研究工作，在规定时间内完成研究任务，按时结题。

市北区教育科学研究领导小组办公室

二〇二三年六月三十日

图 2-8　市北区教育科学规划 2023 年度专项课题立项通知书

四、团队协作

一个人可以走得很快，一群人才能走得更远。从刚刚入职时由师傅带，到后来组建团队带领大家一起做课题研究，笔者在团队中成长。无论是在课题研究、教学模式提炼还是教学成果申报过程中，湖岛小学甚至是市北区的很多数学老师给予笔者充分的支持与帮助。

（一）携成结对活动

2013 年湖岛小学为了促进青年教师的发展，开展了多期老带新、互帮互助的携成结对活动。"携成"，即携手成长的意思，一位青年教师拜一位骨干教师为师，和另外一位青年教师结为同伴，共同成长。团队中的骨干教师，也就是师傅，要做到：言传身教，热情指导，主动关心徒弟的成长，帮助徒弟明确努力的方向，鼓励徒弟积极参加各级各类教育教学竞赛、评比与展示等活动，让徒弟得到更多的锻炼和提高。精心指导徒弟钻研教材，认真备好课，每学期重点审阅三至五份教案，并给予悉心指导。每学期听徒弟五节以上的课，做到"课前研究、课中观察、课后评价与反思"。每学期为徒弟上一至二节的示范课。每月至少检查一次备课和作业批改，并在备课、作业批改及学困生辅导等方面给予帮助指导。两位青年教师的任务是：在同伴的指导下，对自身的教学情况和业务水平认真进行剖析，明确自身提高的方向与成长的途径。虚心向同伴学习，随时接受同伴的指导与检查，主动邀请同伴指导课堂教学。在同伴的帮助指导下，积极学习教育理论，更新教学理念，不断改进教学方法，并积极参与各级各类教学竞赛、评比与展示等活动，把握机遇，让自己得到锻炼与提升。每学期读一本教育教学理论专著或一套教育杂志；上一堂展示课；整理一个精心设计的教案；上交一篇以上质量较高的教学案例或论文。平时主动与同伴取得联系，积极请教教学中所遇到的问题。

在首期的携成结对活动中，笔者的师傅是马红新老师，同伴是于倩老师。马红新老师经验丰富,一直在数学教学一线工作,教学成绩突出,班级管理经验丰富,乐于助人,在学校有很高的威望。于倩老师与笔者同年参加工作,教学基本功扎实,好学上进。学校为我们的携成结对团队提供了互相学习的条件,只要和专业发展有关的问题,学校都会为我们积极解决。携成结对活动定时定期开展,有针对性地解决遇到的问题,笔者在团队的帮助下,迅速成长。

（二）成立首席研究教师团队

成长为学校的骨干教师之后,笔者也承担起带领新入职教师共同成长的责任。由于学校连年扩招,学校入职多位年轻教师,大部分是刚刚踏上工作岗位的新手教师。如何让新手教师尽快适应从学生角色到教师角色的转变,并且能够有效地进行课堂教学,成为摆在学校面前的首要问题。作为在学校完善的新教师培训体系下成长起来的教师,笔者有义务也有责任带领新手教师共同进步。学校连续两次聘请笔者为首席研究教师,颁发聘书（图2-9）,并在办公室加挂"首席研究教师工作室"的牌子。学校的信任与支持,让笔者在指导新教师的路上更有信心与勇气。笔者和团队的教师一起在学校各级教学活动中进行课例展示、经验交流,并积极参加区级公开课选拔、优质课比赛等等。

图 2-9 首席研究教师聘书

第二节 小学数学"三点一线·五维一体"学教融合教学模式的提炼

本教学模式的发展过程中虽然一直围绕新旧结合点、自主探究点和链接拓展点这三个关键点研究,但是研究比较零散,没有形成完整的可直接借鉴的教学模式。在学科专家的指导下,笔者通过参加教学成果评选、优秀教学法(模式)评选、教学模式推广现场会等活动,逐步将多年的教学研究成果进行整理总结,最终形成完整的教学模式。

一、教学成果评选

2022 年 7 月,市北区进行教学成果奖评选。以此为契机,笔者系统梳理了 11 年来主持的教学研究成果"'三点梳理,提升素养'小学数学教学 11 年探索与实践",申报市北区教学成果奖,获得一等奖(图 2-10)。

获评教学成果奖是对笔者十多年一线教学研究的认可。"三点梳理,提升素养"教学成果,是以小学数学"三点一线·五维一体"学教融合教学模式为主线的小学数学教学探索与实践,以深化教育教学改革、提高教师教学能力为目的,是笔者在教学一线始终贯彻党的教育方针,落实立德树人根本任务的重要措施。在申报教学成果奖的过程中,笔者对"三点"和"学教融合"进行了明确的界定。"三点"即"新旧衔接点""自主探究点"和"链接拓展点"。"学教融合"即课堂教学过程中不刻意追求教和学的先后顺序,而是根据学生的学习情况,以教导学,学教相融。

图 2-10　市北区教学成果一等奖证书

二、优秀教学法（模式）

2022 年,市北区在学术节期间开展区级优秀教学法（模式）评选活动。在市北区优秀教学成果奖的基础之上,经过专家指导,笔者从多年的教学研究成果中进一步提炼出的"三点一线·五维一体"小学数学学教融合教学模式,在众多教学法申报项目中脱颖而出,被评为小学数学优秀教学法（模式）（图 2-11）。本教学模式首次在区级层面上得到认可。在申报表中,将本教学

图 2-11　市北区优秀教学法（模式）获奖证书

模式的具体实施方法进行明确阐述,为同行提供可供借鉴的一般模式。在市北区 2022 年学术节总结表彰大会上,笔者作为优秀教学法(模式)申报人进行教学法展示,受到与会人员的一致好评。

三、参加教学模式推广现场会

2023 年 4 月 26 日,市北区教育研究发展中心在青岛湖岛小学召开教学法(模式)创生专题研讨会。湖岛小学数学教师对本教学模式进行了课例展示。

笔者与与会人员就本教学模式的实践与应用进行了经验交流。这标志着本教学模式作为区级优秀教学法(模式)正式向全区推广,并正式确定本教学模式名称的规范表达为小学数学"三点一线·五维一体"学教融合教学模式。

本教学模式在课前进行的基于"三点析理,整体设计"的教研集备,与市北区正在实施的大单元全景集备有相通之处,两者在实施的过程中并不冲突。本教学模式的教研集备模式是大单元全景集备的一部分,转向大单元全景集备是本教学模式在集备方面的一个发展方向。

小学数学"三点一线·五维一体"学教融合教学模式,回答了小学数学教学从哪里来(新旧衔接点,找准学生课堂生长点)、到哪里去(链接拓展点,落实数学核心素养)、怎样去(自主探究点,学教融合)这三个数学教学的重要问题。在今后的教学研究中,笔者将不断地反思,不断学习,不断改善教学行为,在实践中总结经验,打造减负提质的高水平课堂,不断促进学生数学素养提升和数学教师专业发展。

第三章

小学数学"三点一线·五维一体"学教融合教学模式的应用与效果

小学数学"三点一线·五维一体"学教融合教学模式涵盖了小学数学教学每个环节的具体操作方法,并且依托评价体系反馈教学和集备的效果,促进了学习方式变革和教师专业发展,提升了学校的办学质量。

第一节　小学数学"三点一线·五维一体"学教融合教学模式的应用

在实践应用中,本教学模式在教学前、教学中、教学后的每一阶段都有特定的环节和步骤。在教学过程中,以新旧衔接点为教的起始,以自主探究点为学的根本,以链接拓展点为评的标准,三点一线贯通课堂始终,同时,因生、因层、因类动态调整三点基准,以教导学,学教融合。本节,将从教研集备、教学设计、作业和命题设计几个方面详细介绍本教学模式在实践中的应用。

一、教研集备

(一)教研集备的内容和要求

教研组在每周固定的时间进行教研集备,执行定时间、定地点、定主题、定主备人的教研集备要求,每次教研集备活动都要详细记录如表 3-1 所示的教研集备记录表,写清单元名称、单元教学内容、课标要求、教材知识框架等。在教研集备过程中,针对要研讨的单元,找到课程标准中相关的要求,对课标进行解读,从大单元的视角出发,明确本单元学习内容。然后总体感知教材结构,从整个小学数学教材的角度整体看本单元在教材中的地位和作用,明确学生已有的知识经验,本教学内容的教学深度,以及通过本单元学习应该为后继学习提供什么样的支持。然后针对本单元内容进行集备,对每一信息窗进行三点梳理,再根据班级情况进行教师个人备课,制定预学单。

表 3-1　教研集备记录表

单元名称	
单元教学内容	
课标要求	
教材知识框架	
课时三点梳理	信息窗 1： 信息窗 2： ……
预学单	信息窗 1： 信息窗 2： ……

（二）教研集备所需资料

1. 课程标准解读表

集备时,先对课程标准进行解读。课程标准是教师教学的纲领性文件。教师先从课程标准中找到所教单元的内容要求、学业要求和教学提示,然后对课标的关键词进行分解。如表 3-2 所示,以第二学段"数与运算"——认识万以上的数为例,细化教学目标,根据教学目标设计教学活动。

表 3-2 课程标准解读表

类 别		数与运算		
课标内容		在具体情境中,认识万以上的数,了解十进制计数法,能结合具体实例解释万以上数的含义,能读、认、写以上的数,会用万、亿为单位表示大数。		
关键词	对行为动词的分解	学习内容	学习策略	学习程度
认识	领会	认识万以上的数的计数单位	① 搜集现实生活中的大数,体会十万、一百万等数的大小,通过比较对比数量的多少,感受大数的意义。 ② 复习万以内数的各个数位上的计数单位,迁移出万以上数位的计数单位。	① 感受到大数所表示的实际量的大小,能够与实际生活相联系。 ② 能够说出一个大数是由几个不同的计数单位组成的。
	明白理解	明白、理解万以上数的读法和写法	复习万以内数的读写法,进行知识的迁移。对比发现万以内数的读写法和万以上数读写法的联系和区别。 联系:都是从最高位开始读,从左往右读。 区别:大数的读法需要先分级,从最高级一级一级地去读。而且中间不管有几个零,只读一个零。	① 能够准确读出一个数,知道先给一个大数分级,养成分级的习惯,再进行读数。读数的时候不漏掉数级。 ② 写数的时候全部用汉字的形式来写,避免出现汉字和数字结合着写的情况。

续表

类 别		数与运算		
了解	理会	理会万以上数的大小比较的方法	① 复习万以内数的比较大小的方法,再一次总结整数比较大小的方法。 方法:先比较数位的多少,相同数位的数则从最高级开始一个数位一个数位去比较。 ② 通过感受大数的数量多少,从直观上去感受为什么只要同一数位上的数大小比较出以后,后面的数位就不需要再比较了。	① 任意给两个大数或者万以内的数,都能够正确比较大小。 ② 能够对多个不同大小的数进行大小的排序。
	了解	了解十进制计数法	① 回忆万以内数的各个数位,回忆相邻的计数单位之间的进率是十。 ② 借助模型或者计数器等学具,理解万以上数各个数位和数位顺序表。 ③ 发现万以上的数位,相邻的进率仍然是十,从而总结并阐述十进制计数法。 ④ 拓展:了解一下二进制计数法、四进制计数法、十六进制计数法等等。	① 能够熟练地记住数位顺序表各个数位的具体位置。 ② 可以根据各个数位上是几,写出一个大数。 ③ 能够区分数位和计数单位的区别,避免混淆。

类　别		数与运算		
会用	运用	将大数进行改写,运用万或亿作单位	用大数表示事物、估计物品的数量,能用大数目解决问题,通过分级,引出大数的改写,并且通过直观的对比,体会用万、亿作单位来表示大数的简便性和清晰性。	① 能够将大数改写成用万或者亿作单位的数。 ② 能够根据数的数位多少,自主选择用万或亿作单位来表示。
	理会	理会万以上数的近似数	① 感受生活中出现的近似数的用处,感受近似数出现的必要性。 ② 通过在数轴上标记数据,直观上能够指出与一个大数相近的整万或者整亿的数。 ③ 总结方法,只要看万或者亿后面的相邻的数位,通过四舍五入法得出一个大数的近似数。	① 与数的改写区分开,数的改写是写出准确的数。 ② 可以根据要求保留到万或者亿位求一个大数的近似数。 ③ 能够根据一个近似数,进行逆推,去找出原来的数最大是几、最小是几。

注:本表由于倩、田景霞提供。

2.教材知识框架结构

为了准确定位所教内容在整个教材体系中的位置,在解读课程标准之后,需要分析教材,从纵向——整套青岛出版社义务教育教科书·小学数学教材(青岛出版社出版,以下简称青岛版小学数学教材)和横向——整个单元的内容两个方面进行教材结构分析。这样教师可以快速地掌握教材,即使是新手教师或者不曾教过这一册教材的教师也能掌握好教学的深浅程度。如表 3-3 所示,以青岛版小学数学教材"整数的认识"为例。

表 3-3　教材知识框架结构

年　级	内　容
一(上)	10 以内数的认识 ① 1～5 的认识 ② 6～10 的认识 ③ 10 以内数的大小比较 ④ 0 的认识
	11～20 各数的认识 ① 11～20 各数的认识 ② 20 以内的不进位加法和不退位减法
一(下)	100 以内数的认识 ① 数数 ② 读数、写数、比较数的大小
二(下)	万以内数的认识 ① 千以内数的读法和写法 ② 万以内数的读法和写法 ③ 万以内数的大小比较 ④ 估计 ⑤ 整数加减整数、几千几百加减整百数的口算
四(上)	万以上数的认识 ① 万以上数的认识、读法和十进制计数法、计数单位的认识 ② 万以上数的写法 ③ 万以上数的大小比较、万以上数的改写 ④ 近似数

3. 课时三点析理

新旧衔接点、自主探究点和链接拓展点是教师进行课时(新授)备课时需要确定的"三点"。在最开始进行教学研究的时候,称"新旧衔接点"为"新旧结合点",在后续的发展过程中,用"衔接"代替了"结合",更加注重知识前后的贯穿。新旧衔接点可以是知识的衔接点,也可以是操作经验的衔接点。对于低年级学生来说,可能之前并没有接触过知识结构,但是在其生活经验中,一定有相关的经验积累。教师要充分了解学生的年龄特征以及他们的认知水平和经验基础,合理确定新旧衔接点,找准每一名学生的课堂生长点。在一节课上可能有一个或两个自主探究点,据此设置探究活动。但并不是所有的新授课都要有自主探究点,比如五年级学习列方程解决问题一课,就需要教师给予规范正确的解题步骤、方法。链接拓展点的设置因课而异,因生而异,可以在链接拓展的部分适当对所学内容进行延伸,让不同的学生在课堂上都能"吃得饱、吃得好";也可以链接生活,与情境串教学法一脉相承,提升学生用数学的眼光观察现实世界、用数学的方法解决现实世界的问题的能力,提升数学素养。还可以借助链接拓展点,在数学课上渗透多学科知识,渗透中华优秀传统文化等,实现学科育人的目的。以青岛版小学数学教材二年级下册第四单元和四年级下册第五单元为例,备课时将每一个信息窗的新旧衔接点、自主探究点和链接拓展点都体现在教学设计中,详见附录2。

4. 预学单

预学单是了解学情的载体。学生通过预学单进行课前测或者预习。教师在上课之前通过批阅预学单精准地了解学情,找准每个学生学习的起点,进而在课堂上对学生进行有针对性的指导。有时候,教师通过预学单发现学生对与本节课相关的学习内容普遍掌握不够好,不足以支撑本节课的新课学习,因此就要适当地进行复习与巩固,从而唤起学生的记忆,帮助学生搭建新旧知识之间的桥梁。对应新旧衔接点、自主探究点和链接拓展点,预学单主要分为温故知新、新知探究和链接拓展(拓展提升)三个主要部分,另外加设"你的疑惑"这一部分,学生可以将自己在自学过程中的疑惑记录下来。预学单的基本样式如表 3-4 和表 3-5 所示。

表 3-4　三位数乘两位数预学单

项　目	内　容
温故知新	列竖式计算: $26 \times 35 =$　　　$17 \times 22 =$　　　$40 \times 58 =$　　　$125 \times 6 =$ 学校买了 45 个篮球,每个篮球 68 元,买篮球一共要花(　　)元 　　　4 5 　× 6 8 ──────── 　　3 6 0　　买(　　)个篮球要花(　　)元 　2 7 0　　　买(　　)个篮球要花(　　)元 ──────── 　3 0 6 0　　买(　　)个篮球要花(　　)元
新知探究	 根据已知信息,你能提出什么数学问题?你能尝试解答吗? 问题:
链接拓展	你能尝试计算 5126×28 和 239×312 吗?
你的疑惑	

表 3-5 测量不规则物体的体积预学单

项目	内 容	
计算天天练	口算练习加每天 3 道竖式计算。	
	预习自学内容	总结知识点
	相关链接： 思考：一个不规则的物体，我们想知道它的体积，可以利用（　　）法测量。 读教材 100 页例题，分析解答： 	测量不规则物体的体积：可以用转化法
	图中西红柿的体积等于（　　　　　）的体积,计算西红柿的体积,先要计算放入西红柿以后水槽内西红柿和水的总体积,列式为（　　　　　）,然后计算出水槽中原来水的体积,列式为（　　　）它们之间的差就是西红柿的体积。 由于水槽的底面积不变,变化的是水的高度,因此我们还可以列出综合算式（　　　　　）,结果是（　　　）立方厘米。	上升（或者下降的）水的体积＝不规则物体的体积
拓展提升	任意选择一个不规则的物体,想办法测量出它的体积,把你的活动写成一篇数学日记。	

二、教学设计

在集备的基础之上,教师根据所教班级学生的实际情况进行教学设计,重点结合预学单和课程标准对学情进行精准分析,从而设定教学目标,精准确定"三点"。本教学模式下的教学设计包含以下几个部分:教学内容、教材分析、课标分析、学情分析、教学目标、三点析理、教学重难点、课前准备、教学过程和课后反思。以青岛版小学数学四年级下册"小数的意

义"为例,教学设计如下:

小数的意义教学设计

【教学内容】

青岛版小学数学教材六年制四年级下册第五单元信息窗1。

【教材分析】

从数学知识体系的纵向来看,一年级学生在认识人民币时已经初步接触过小数,三年级又学习了"分数的初步认识"和"小数的初步认识"。小数的意义是学生系统学习小数的开始,本节课的学习将为后面学生认识小数的其他知识和五年级学习小数四则运算打下坚实的基础。从横向的数学知识体系来看,小数的知识设置在四年级的第二学期。学生此时已经完整地学习了自然数的知识、学习了整数的四则运算。小数的知识是数与运算领域的进一步学习,在四年级的"数与代数"内容中处于重点地位。

【课标分析】

在"数与运算"学习主题中,课标中对小数的意义相关要求如下:

(1)内容要求:结合具体情境,探索并理解小数和分数的意义,感悟计数单位。会进行小数、分数的转化,进一步发展数感和符号意识。

(2)学业要求:能用直观的方式表示分数和小数,能比较两个分数的大小和两个小数的大小。

(3)教学提示:在初步认识小数和分数的基础上,引导学生在具体情境中,理解小数和分数的意义,感悟计数单位。在教学过程中,可以让学生体验与小数有关的数学文化,理解、描述各数位上数字的意义,进一步提升数感。

【学情分析】

小数在生活中有着广泛的应用。学生从一年级认识人民币,接触到价签上的小数,到三年级从生活中家具的高度的角度引入学习小数,已经会以米为单位用小数描述物体的长度、高度等。因为认知水平的限制,大部分学生对于小数的认识还停留在以往整数的概念上,更多地注重小数的外在形式。在学生的头脑中,小数过于抽象,很难进入自己的认知系统。四年级学生具备一定的动手操作能力和语言表达能力,还具备一定的生活经验,这些都为学生自主探究小数的意义奠定了基础。

【教学目标】

(1)在初步认识分数和小数的基础上,利用多种模型感受小数,进一步理解小数的意义,了解小数产生的价值,培养数感。

(2)借助几何直观及类推的数学思想,理解小数的意义,体会小数在生活中的实际应用价值,感受我国数学文化的悠久历史和古人的智慧。

(3)在交流过程中培养学生勇于探索、敢于质疑、善于思考、严谨求实的理性精神。

【三点析理】

(1)新旧衔接点:学生在三年级时借助米尺初步认识了一位小数和两位小数,在此基础上概括、抽象出小数的意义。

(2)自主探究点:学生借助学具和已有的知识经验探究两位小数、三位小数的意义。

(3)链接拓展点:《九章算术》对于小数意义的介绍(数学文化);小数在生活中的应用。

【教学重、难点】

理解、掌握小数的意义。

【教学准备】

多媒体课件、探究单、彩笔等。

【教学过程】

一、创设情境,提供素材

同学们,看这两只可爱的小鸟,你认识它们吗?请大家仔细观察图片。

提问:从图中你发现了哪些数学信息?谁来读一读?

预设:蜂鸟体长只有 0.05 米,它的蛋重 0.46 克。

信天翁的蛋重 0.365 千克,翅膀最长达 3.6 米。

谈话:这些数都是小数,今天我们继续研究和小数有关的知识。(板书:小数)

二、分析素材,理解概念

(一)复习一位小数的意义

环节一:课前访谈,了解学情

谈话:关于小数,大家肯定都不陌生。三年级的时候,我们借助米尺认识了 0.1 米,就是 $\frac{1}{10}$ 米(板书 $\frac{1}{10}=0.1$),也认识了 0.01 米就是 $\frac{1}{100}$ 米。

环节二:利用直观模型认识一位小数

独立思考:

谈话:你能在图中表示出 0.1 吗?请大家拿出 1 号探究单,在图中表示出 0.1。

学生尝试用不同的方法表示 0.1,教师巡视。

全班交流:

谈话:老师看到同学们能用自己熟悉的图形来表示 0.1,谁能把你的表示方法和大家分享一下?

分别展示学生不同的表示方法。

面积模型、数线模型……

提问:我们来看一下,大家表示的都是 0.1 吗?

预设:都是把线段或者正方形平均分成 10 份,每份是 0.1。

提问:0.3 怎样表示? 剩下没涂的部分用哪个小数表示?

谈话:同学们,像这样的小数我们之前都见过,它叫一位小数,一位小数表示十分之几。老师想问一下大家,一位小数的关键数是哪一个?

预设:0.1。

追问:为什么呢?

预设1:其他的小数都是多少个0.1组成的。

总结:同学们说得很有道理,如果我选,我也选0.1,其他这些一位小数是由一个一个0.1相加而成的,0.1也就是十分之一,是一位小数的计数单位。有了计数单位,我们就可以数小数了。我们一起来数一数(课件演示从0.1数到1)。

小结:(出示填空题)___10___个0.1是1,1里面有10个___0.1___。

(二)探究两位小数的意义

环节一:在认知冲突中,认识两位小数

谈话:同学们,老师也带来一个正方形,请看这个黑色部分用哪个小数来表示?

预设:0.8。

谈话:(出示第二幅图)现在,还能用0.8来表示吗?能用0.9表示吗?这个数在0.8到0.9之间,更接近0.9,到底该用哪个小数表示呢?

环节二:在"继续分"中直观认识0.01

请同学们拿出2号探究单,分一分,画一画,数一数,看看涂色部分到底用哪个小数表示?

请同学们先自己想一想,然后和小组的同学一起讨论一下。

学生操作,完成后汇报交流。

谈话:请这位同学来汇报,其余同学认真倾听,如果你有问题可以提问,如果你有补充也可以补充。

预设1:把0.1平均分成10份。

预设2:直接把1平均分成100份。

总结:同学们,这两种分法虽然不一样,但它们表示的意义是一样的。把0.1平均分成10份相当于把1平均分成100份。其他同学的分法和这两位同学的一样吗?

谈话:下面我们借助课件把刚才的思考过程回顾一遍。

当不足0.1的时候,我们想到把0.1再细分成10份,此时出现更小的计算单位0.01,这样就相当于把整个的1平均分成100份,其中的1份是0.01,用分数表示就是百分之一(板书:$\frac{1}{100}=0.01$)。涂色部分可以用哪个分数表示?小数呢?答:0.88(板书:$\frac{88}{100}=0.88$)。剩下的部分用哪个小数表示?

谈话:大家看,这两个8长得一模一样,它们表示的意思一样吗?

预设:第一个8表示8个0.1,第二个8表示8个0.01。

小结:别看它们长得一样,但由于所在的位置不一样,表示的意义就不一样。

谈话:我们继续往下涂一个小格,现在涂色部分用哪个小数表示?

预设:0.89。

谈话:再涂一个小格呢?

预设:0.90(90个小格)、0.9(9个大格)。

谈话:0.9和0.90都可以吗?因为涂色部分的面积相等,所以用0.9和0.90表示都可以。关于0.9和0.90的区别,我们在后面的学习中将会继续探索。

想象一下:0.99时的方格图是什么样子的?几乎都要涂满了,就差一个小格就满了。

谈话:这一个小格用数学语言表达就是 0.01,跟 0.99 合在一起是几?答:1。出示填空题:___100___ 个 0.01 是 1,1 里面有 100 个 ___0.01___。

总结:同学们,看这些两位小数,它们表示什么?

预设:两位小数表示百分之几。

环节三:引出数轴

谈话:刚才我们把图形平均分成 10 份,通过 0.1 认识了一位小数零点几,又继续把 0.1 平均分成 10 份得到 0.01,认识了两位小数零点几几。大家仔细看(课件演示由正方形抽象出数轴),可不可以这样表示,这是什么?(数轴)我们从数轴上截取 0—1 这一段来研究。这是零点几?(0.1)(出示 0.8)用分数怎么表示?我们一起来数一数。

总结:有几个 0.1 就是零点几,就表示十分之几。

谈话:当我们在数小于 0.1 的小数时,我们又把其中一个 0.1 平均分成了 10 份,也就是把 1 平均分成了 100 份,每一份是百分之一,也就是 0.01。我们再以 0.01 作为单位数,有几个 0.01 就是零点几几。蜂鸟的体长 0.05 米,0.05 在数轴的哪个位置?用分数怎么表示?蜂鸟的蛋重 0.46 克,你能在数轴上找到 0.46 吗?

(三)推理三位小数的意义

谈话:一位小数表示十分之几,两位小数表示百分之几,同学们大胆推测一下,三位小数表示的是什么?

答:千分之几。

提问:四位小数呢?

提问:如果让你在数轴上找出任意一个三位小数,你认为关键是找到哪个三位小数?谁来说说你的想法?

预设:0.001。

追问:0.001 是怎样得到的呢?

预设:把任意一个小格,就是 0.01 平均分成 10 份,一份就是 0.001。

总结：你说得很有道理，把 0.01 再平均分成 10 份就得到了 0.001。

（课件出示：0.365）能说说你怎样找 0.365 吗？

提问：信天翁的蛋重 0.365 千克，0.365 表示什么？

0.365 用分数表示是多少？它里面有多少个 0.001？

三、借助素材，总结概念

（一）总结小数的意义

1. 计数单位与小数之间的关系

谈话：这些都是一位小数，它们都和 0.1 有关系，0.1 很重要。以此类推……

总结：这些虽然都是小数，但是其中的 0.1、0.01、0.001……是这群小数中的关键数，它们是小数的计数单位，对于认识小数格外重要。

2. 理解计数单位之间的进率

（出示正方体模型）把整体 1 平均分成 10 份，其中的几份用分数表示是十分之几，用小数表示是零点几；同样，把整体 1 平均分成 100 份，其中的几份用分数表示是百分之几，用小数表示是零点零几；把整体 1 平均分成 1 000 份，其中的几份用分数表示是千分之几，用小数表示是零点零零几……在往下分的过程中不断地退一当十，反过来看，10 个 0.001 是 0.01，10 个 0.01 是 0.1，10 个 0.1 是 1，10 个 1 是 1 个 10，不断地满十进一。

3. 建立小数与整数之间的关系

板书：1。

提问：把 1 扩大 10 倍是多少？100 倍呢？1 000 倍呢？……

预设：10、100、1 000……

总结：1 扩大 10 倍，再扩大 10 倍，边说边画关系图。

提问：这些数还能 10 倍、10 倍地再扩大吗？

预设：能，这些数可以无限大。

谈话：1 不止能累加，还能细分，它可以细分得到 0.1、0.01……（画图）还可以继续分下去吗？是的，还可以继续细分，得到新的计数单位。

4. 总结小数的意义

同学们,你觉得到底什么样的数是小数? 和你小组的同学来说一说。

总结:我们今天认识的像0.1、0.05、0.365这样的表示十分之几、百分之几、千分之几……的数,就叫作小数(板书)。反过来,一位小数表示十分之几,两位小数表示百分之几,三位小数表示千分之几……这就是我们这节课学习的小数的意义。

(二)数学文化

同学们,在三年级初步认识小数的时候,我们就知道早在1 700多年前,我国数学家刘徽在《九章算术》中,就提出了十进制小数,称为微数。他说:"微数无名者以为分子,其一退以十为母,再退以百为母,退之弥下,其分弥细……"大家看这段话是不是很深奥? 这段话的意思是说开方开不尽时,用十进分数(小数)表示,个位以下,退一位为十分之一,退两位为百分之一……虽然在当时并没有提出小数的概念,但是却揭露了小数的本质,与现代小数相比只是在符号与形式上有差别。微数是最初的小数。我们今天学习的小数的意义就是在刘徽提出的微数的基础上一步步发展而来的。

(三)生活中的小数

谈话:通过今天的学习,同学们对小数有了新的理解。谁来说说生活中在哪些地方用到了小数?

预设:超市的价签上、测量长度时、测量体温时、秒表计时……

谈话:看来小数在生活中的应用真的很广泛。老师也找了一些,我们一起来看看。

(1)数学与科技:国产手机华为Mate60Pro,搭载的麒麟9000芯片采用的是纳米技术,指甲盖大小的芯片包含153亿个晶体管,每一个小到5纳米(nm),就是0.000 005毫米。

(2)数学与生活:地球公转的时间。地球绕太阳运行一周的时间是365.256 4天。正是因为每年少算了0.256 4天,所以每4年加一天,才有了平年和闰年之分。

（3）数学与生物：新冠病毒颗粒的大小。新冠病毒的直径大约是0.000 1厘米。

谈话：著名数学家华罗庚说得好："宇宙之大，粒子之微，火箭之速，化工之巧，地球之变，生物之谜，日月之繁，无处不用数学。"

四、巩固拓展，掌握概念

1. 基本练

将相等的两个数用线连起来。

分数：$\dfrac{13}{100}$ $\dfrac{9}{10}$ $\dfrac{47}{1000}$ $\dfrac{1}{10000}$ $\dfrac{52}{100}$

小数：0.9   0.000 1   0.13   0.52   0.047

2. 变式练

老师给大家带来了一枚古钱币，请同学们试着填一填合适的单位名称，并说说每个小数表示的意义。

古钱币高0.58(   )，厚3.5(   )，重41.47(   )。

同学们感受一下，它有多高、多厚、多重。这是一枚世界上最大最重的钱币——嘉靖通宝古币。

五、回顾反思，提升认识

谈话：这节课你都有哪些收获？

预设：

通过今天的学习，我知道了小数的意义。表示十分之几、百分之几、千分之几……的数，叫作小数。

我知道了新的计数单位。

我知道了在生活中小数应用得很广泛。

总结：这节课，我们首先回顾了三年级学习的一位小数表示十分之几，知道了0.1是一位小数的计数单位。然后通过数形结合，把0.1平均分成10份后，产生了新的计数单位0.01，知道了两位小数的意义。将平面图形抽象成数轴，并能够在数轴上找到相应的小数。我们又借助数轴继续把0.01平均分成10份，产生了新的计数单位0.001，知道了三位小数表示千分之几。我们还知道小数的意义最早是我国古代数学家刘徽提出的。小数在生活中应用很广泛，与我们的生活息息相关。最后，我们用小数解决了生活中的问题。关于小数的知识还有很多，我们将在后面的学习中继续探究。

【课后反思】

本节课之前，学生已经初步认识了小数，能够借助米尺、人民币、方格纸等教具表示一位小数和两位小数，但是对于小数的意义没有深入地理解。本节课，从学生三年级学习过的小数和分数的初步认识出发，通过自主探究和小组合作学习，理解一位小数表示十分之几；又从认知冲突出发，当涂色部分用一位小数没法表示的时候，两位小数就产生了。通过介绍《九章算术》中关于小数的记载，让学生感受中国数学家在世界数学发展史上做出的巨大贡献,增强爱国主义情感。通过介绍小数与科技、小数与生活、小数与生物,让学生感受数学的作用。

三、作业设计与展示

学生的作业按照内容分为课时作业、单元作业,在课时作业和单元作业里按照作业性质分为基础性作业和拓展性作业。基础性作业定位于减负提质,面向全体学生,重在练习巩固基础知识;拓展性作业定位于素养提升,以单元整理类、跨学科实践活动等形式为主。

(一)作业设计

在进行作业设计的时候,严格按照各年级作业量要求,每一课时对应一次作业。精选题目,达到巩固提高的目的。作业内容在年级共享,每位科任教师根据自己班级情况适当调整。以三年级第一学期第三周作业设计为例,三年级每周有四节数学课,对应设计四次作业,每一次作业分为基础性作业和拓展性作业两部分。设计的四次作业如下。

2021—2022 学年度第一学期第三周作业设计

(9 月 13 日—9 月 17 日)　　　__三__年级

第一次

【基础性作业】

1. 完成课本第 19 页的第 1 题

> 用银杏叶做花。做一朵小花用 9 片叶子,做一朵大花用的比小花的 4 倍多 3 片。做一朵大花用多少片杏叶?

2. 完成课本第 19 页的第 2 题

一只海龟重 11 千克,一只海豚的体重比海龟的 8 倍多 5 千克。一只海豚重多少千克?

【拓展性作业】

拓展阅读:《数学文化读本》三年级上册第 31—35 页。

第二次

【基础性作业】

1. 完成课本第 19 页第 3 题

限乘 15 人

限乘人数比小客车
的 4 倍少 12 人

一辆大客车最多能乘坐多少人?

2. 完成课本第 19 页第 4 题

一筐苹果有 24 个。一筐梨的个数比一筐苹果的 2 倍少 18 个。一筐梨有多少个?

3. 完成数学同步第 7 页的第 1 题

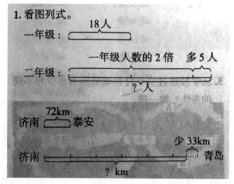

1. 看图列式。

一年级: 18人

二年级: 一年级人数的2倍 多5人 ?人

济南 72km 泰安

济南 少33km 青岛 ?km

【拓展性作业】

推荐视频了解小资料:《体育大课间的由来》。

体育大课间活动是 2001 年在北京召开第 21 届大学生运动会期间教育部提出的。体育大课间活动,是根据小学生的年龄特点和生理特点设定的。因为小学生正处在生长发育的阶段,经过 40 分钟的学习后,会产生疲倦,大脑处在紧张的状态,这时进行体育大课间活动,可使学生的心情得到放松,精神得到舒缓,有利于学生身心的发展。同时大课间的各种特色活动使学生用较短的时间,把身心调到最佳的状态,有利于下一课程的转换,提高学习效率。

第三次

【基础性作业】

1. 完成数学同步第 7 页的第 2 题

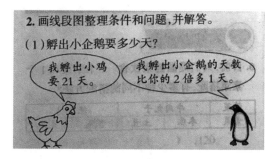

2. 画线段图整理条件和问题,并解答。
(1)孵出小企鹅要多少天?

我孵出小鸡要 21 天。

我孵出小企鹅的天数比你的 2 倍多 1 天。

2.完成数学同步第 7 页的第 3 题。

【拓展性作业】

拓展阅读:《数学文化读本》三年级上册第 36—40 页

第四次

【基础性作业】

1.完成课本 20 页第 1 题

> (1)壮壮摘了多少个枣?
>
> (2)乐乐一共收了多少个玉米?
>
> (3)你还能提出什么问题?

2.完成课本20页第2题

> 从东城去西城每张火车票42元,如果买8张票,需要多少钱?

【拓展性作业】

1. 观看教师录制的视频:《单元知识汇总》

2. 用思维导图整理一下本单元学习的知识

　　每一单元结束之后,设计单元作业,以青岛版小学数学五年级下册第三单元"分数加减法(一)为例",笔者设计了如下的单元作业。

青岛版小学数学五年级下册第三单元分数加减法(一)单元作业

1. 直接写得数

$\frac{1}{7}+\frac{2}{7}=$ 　　$\frac{1}{8}+\frac{3}{8}=$ 　　$\frac{2}{9}+\frac{4}{9}=$ 　　$\frac{2}{3}+\frac{1}{3}=$

$\frac{7}{12}-\frac{5}{12}=$ 　　$1-\frac{5}{8}=$ 　　$\frac{11}{21}-\frac{4}{21}=$ 　　$\frac{8}{13}+\frac{8}{13}=$

2. 计算

$\frac{1}{15}+\frac{4}{15}+\frac{7}{15}$ 　　　　$1-\frac{3}{8}-\frac{5}{8}$ 　　　　　　$1-\frac{2}{7}-\frac{4}{7}$

$\frac{5}{14}-\frac{1}{14}+\frac{3}{14}$ 　　　　$\frac{10}{23}-\frac{8}{23}-\frac{2}{23}$ 　　　　$\frac{9}{16}+\frac{3}{16}-\frac{5}{16}$

3. 填空

(1) $0.45=\frac{9}{(\quad)}=\frac{(\quad)}{60}=\frac{36}{(\quad)}$

(2) 把 $\frac{4}{15}$、0.36、$\frac{27}{100}$、1.5、$\frac{16}{7}$ 按照从小到大的顺序排列。

（　　）<（　　）<（　　）<（　　）<（　　）

(3) 分母是 8 的所有最简真分数的和是（　　）。

(4) 如果 a＝5b,a 和 b 都是非 0 自然数,那么 a 和 b 的最大公因数是（　　），最小公倍数是（　　）。

(5) 在括号里填上合适的分数

20 分＝（　　）时　　　　　　　25 cm＝（　　）m

30 秒＝（　　）分　　　　　　　45 dm＝（　　）m

300 千克＝（　　）吨　　　　　　60 dm² ＝（　　）m²

4. 用短除法求下列每组数的最大公因数和最小公倍数

36 和 54　　　　　　　45 和 74　　　　　　20 和 30

5. 有两根木棒,长分别为 12 厘米、44 厘米。要把它们都截成同样长的小棒,没有剩余,每根小棒最长能有多少厘米? 两根木棒共截成多少根小棒?

6.《教育部办公厅关于进一步加强中小学生睡眠管理工作的通知》(教基厅函〔2021〕11 号)中指出:"睡眠是机体复原整合和巩固记忆的重要环节,对促进中小学生大脑发育、骨骼生长、视力保护、身心健康和提高学习能力与效率至关重要""根据不同年龄段学生身心发展特点,小学生每天睡眠时间应达到 10 小时"。小学生睡眠时间占全天时间的几分之几?

7. 我们生活的地球上有七大洲、四大洋,其中陆地面积约占地球表面积的 $\frac{3}{10}$,海洋面积约占 $\frac{7}{10}$,海洋面积比陆地面积多占地球总面积的几分之几?

8. "大国点名,没你不行",2020 年开展了第七次全国人口普查,700 多万普查人员走入千家万户。当前,我国城镇人口约占全国总人口的 $\frac{16}{25}$,其余人口为乡村人口,城镇人口比乡村人口多占全国总人口的几分之几?

9. 一根铁丝恰好能围成一个底是 $\frac{8}{25}$ 米、腰长是 $\frac{6}{25}$ 米的等腰三角形,这根铁丝有多长?

10. 李爷爷有一块长方形菜地,其中的 $\frac{1}{8}$ 种黄瓜,$\frac{3}{8}$ 种西红柿,$\frac{3}{8}$ 种茄子,其他种土豆。

黄瓜 $\frac{1}{8}$	西红柿	西红柿 $\frac{3}{8}$	西红柿	茄子	茄子 $\frac{3}{8}$	茄子	土豆

长方形菜地示意图

(1) 种土豆的面积占这块地的几分之几?

(2) 种西红柿和土豆的面积一共占菜地的几分之几?

11. 一块长方形的布,长 21 分米,宽 6 分米,要把它裁成正方形手绢(没有剩余),手绢的边长最长是多少分米? 能裁多少块?

12. 五年级一班同学分组举行跳绳比赛,6 人一组或者 9 人一组都正好分完,如果这个班的人数在 40 人以内,可能是多少人?

13. 我国古代数学专著《九章算术》中的更相减损术给出了一种有别于课本的约分方法:"可半者半之,不可半者,副置分母、子之数,以少减多,更相减损,求其等也,以等数约之。"意思是说:如果分子、分母全是偶数,就先除以 2;否则就用较大的数减去较小的数,把所得的差与上一步的减数比较,再用大数减小数,如此重复下去,直到差与减数相等,即出现"等数"时,用这个"等数"约分。这种方法被后人称为"更相减损术"。

例如:给 $\frac{30}{50}$ 约分,因为 30 和 50 都是偶数,所以将 30 和 50 分别除以 2,得到 15 和 25。因为 15 和 25 都不是偶数,所以开始连续相减,即:25-15=

$10, 15-10=5, 10-5=5$，出现了"等数"5，就用 5 给 $\dfrac{30}{50}$ 约分。

再比如：给 $\dfrac{21}{36}$ 约分，因为 21 不是偶数，就用大数减小数，连续相减。$36-21=15, 21-15=6, 15-6=9, 9-6=3, 6-3=3$，出现了"等数"3，就用 3 给 $\dfrac{21}{36}$ 约分。

请你用"更相减损术"给 $\dfrac{54}{72}$ 和 $\dfrac{27}{48}$ 约分吧。

（本设计节选自山东省小学数学优秀作业设计一等奖《分数加减法一》，图 3-1）

图 3-1　山东省小学数学优秀作业设计一等奖证书

(二) 学生作业展示

学生的作业，反馈的不仅是学生自己学习情况，也反馈了教师教的情况。对于学生的每一份作业，笔者都认真改，及时给予评价以及发奖章等奖励。对于作业中出现的集体问题进行集中反馈与订正，对于个别学生的问题进行当面指导。定期举行学生作业展览，让学生之间取长补短。长期以来,学生养成了认真作业、规范书写、及时改错、定期回顾的好习惯,使作业真正发挥作用。写在课堂作业本上的数学课本练习题属于基础性作业。课堂本有全班统一的格式要求:上方居中写日期,在边线中写题目的页码和题号,做题时居中用蓝黑色签字笔书写,画图题要用铅笔,完成一道题目画一条横线与下一题目隔开。如有错误,在当页的反面改错。图 3-2 是优秀基础性作业,我们能够看到该份作业,学生书写规范,做题步骤清楚,细节体现做题的要求。图 3-3 是教材配套的练习册(基础性作业),在做题的时候,要求学生圈画关键词,规范书写。图 3-4、图 3-5 是拓展性作业中的单元整理作业,学生在一个自然单元学完之后对知识点进行整理,形成自己的知识网络,学生在刚开始的时候可能只会进行知识点的简单罗列,但是经过一段时间的训练和互相取长补短之后,慢慢地就会用多种方法整理单元知识,并学会添加典型例题、进行错题整理。

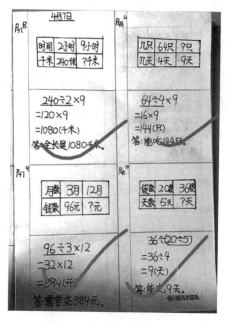

图 3-2　优秀基础性作业 1

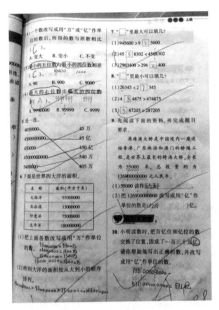

图 3-3 优秀基础性作业 2

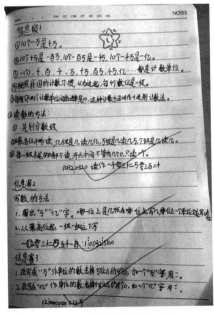

图 3-4 优秀拓展性作业 1

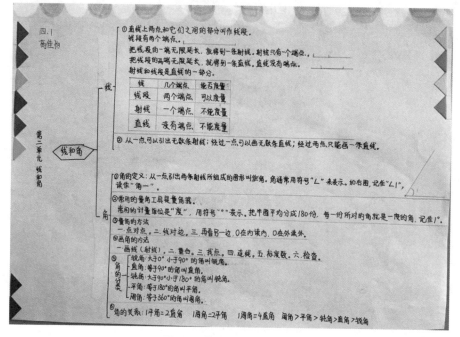

图 3-5　优秀拓展性作业 2

四、命题设计

无论是单元命题还是学期命题,都是评价教与学的重要载体。在命题设计中,坚持素养导向,突出育人本质。依据课程标准的要求,本教学模式注重在真实情境中命题,加强数学与生活的联系。

例如,六年级上学期学习了"按比例分配"这一单元之后,设计了这样的题目:每天清晨,天安门广场上空的五星红旗随太阳一同升起,这是神州大地每天升降的最大的一面五星红旗,被誉为"祖国第一旗"。《中华人民共和国国旗法》规定国旗的规格尺寸:长宽比为3∶2。天安门广场升起的五星红旗宽3.3米,你知道这面国旗的长是多少米吗?(结果保留整数)这是笔者原创题目,做题时间大约4分钟,难度中等,考查按比例分配的应用。在情境中,学生能够获得国旗的相关知识,同时受到爱国主义教育。六年级学习了

"圆"这一章之后,设计了这样一道题目:口径是指器物圆口的直径。2016 年 9 月 25 日,有中国自主知识产权的世界最大单口径巨型射电望远镜——500 米口径球面射电望远镜(FAST,图 3-6),在贵州平塘落成启动,被誉为"中国天眼"。"中国天眼"圆口的周长是多少米? 这也是笔者原创题目,比较简单,学生利用计算圆周长的公式就可以算出。这道题目除了考查学生是否掌握圆的周长的计算方法之外,还拓展了"口径"的知识,介绍了"中国天眼",增强学生的民族自豪感。

图 3-6　"中国天眼"照片①

再例如,将航天知识融入题目情境中:2021 年,中国航天发射次数创新高。包括长征系列火箭、快舟系列火箭和民营航天企业研制的火箭在内,全年共实施 55 次发射任务,将上百颗(含搭载)航天器送入太空,航天发射次数位居世界第一,全年发射次数比 2020 年多 41%,2020 年全年航天发射次数是多少?(列方程解决,结果保留整数)这是在六年级下册"百分数(二)"单元学习之后设计的题目,学生需要在情境中提取数学信息,分析数量关系。通过这个题目,学生不仅巩固百分数应用题的做法,而且在情境中增长航天

---

① 图片来源于学习强国学习平台,记者李晋拍摄。

知识,感受数学与航天知识的联系,提升数学素养。

第二节　小学数学"三点一线·五维一体"学教融合教学模式的应用效果

经过多年的教学实践、课题研究、案例研究、成果提炼等探索活动,小学数学"三点一线·五维一体"学教融合教学模式在小学数学课堂教学中受到了教师的充分认可,他们切身体会到教学方式的转变所带来的教学效率和教学质量的提升、学生素养的提高和教师专业的不断发展。

一、促进学习方式变革

促进了学生学习方式的转变,减轻了学生的课业负担,提高了学生综合素养。实践 12 年来,学校的数学教学成绩稳步提升,在各种类型的测评中,学生数学学业成绩明显提升,学生学业成绩两极分化减弱,班级学困生数量减少。同时,学生的综合素养不断提升,在课堂上愿意积极回答问题,敢于发表不同意见,小组合作学习气氛热烈活动有序。学校多次承接市级、区级教研活动,学生的综合素质受到外校老师的表扬和肯定。

二、促进教师专业发展

形成了课堂教学新模式,促进了教师专业发展。教学方式的转变提升了教学质量,教师从以讲授为中心的课堂走向以学生素养提升为中心的课堂。在"三点析理,整体设计"的教研集备模式引领下,教研活动有目标、有抓手,教研集备的效率也得以提高。在团队力量的帮助下,年轻教师主动转变教学方式,教学、教研能力得到双提升,实现了专业成长,获得了职业成就感和职业幸福感。从本教学模式的发展初期到现在,已有 12 年时间。在这

12年里,依托教学模式建构、提炼,湖岛小学数学教师有4人次获评区级数学教学能手,12人次执教区级公开课、研究课,9人次在市、区级教研活动中进行经验交流;9人次在区、市优质课比赛中获奖,5人次在市级、省级微课、一师一优课比赛中获奖;有4项与本教学模式相关的课题在区级、市级立项并成功结题;9篇与本教学模式有关的文章发表在各级各类期刊上,多篇论文在教科研论文评选中获奖;1项小学数学命题设计获得区级一等奖;1项小学数学作业设计获得省级一等奖;本教学模式获评区级优秀教学法(教学模式);依托本教学模式提炼的基础教育教学成果获得区级一等奖。

三、提升学校办学质量

12年来,依托本教学模式的发展和提炼过程,湖岛小学参与研究的数学教师迅速成长,多名教师承担着市级、区级的重要研究任务。先后有多所学校借鉴本教学模式开展数学教学改革与研究。本教学模式的教研团队先后向来访的甘肃定西、山西运城、山东海阳教育局参访团讲授展示课,在学区范围内开展中小衔接展示课。本教学模式的应用,使课堂教学成绩大幅度上升,为学校争得了美誉,在家长中形成了良好的口碑,探索出一条学校依靠课堂教学方式变革提升办学水平的义务教育优质均衡发展之路。

第四章

小学数学"三点一线·五维一体"学教融合教学模式的反思与展望

本教学模式从探索阶段发展到现在已有十二年时间,在这期间,所有参与研究的数学教师获得了专业发展与提升,同时在实践中也发现一些有待改进的问题。本教学模式在今后的发展过程中还有很大可以改进的空间,笔者将依托课题研究继续将其不断丰富与完善。

第一节 小学数学"三点一线·五维一体"学教融合教学模式的反思

在不断总结取得的成绩的同时我们也在持续反思,以期未来更好地服务于学校、教师和学生的发展。

首先,"三点"是动态的。教材结构中的新旧衔接点是固定的,而学生个体经验中的新旧衔接点是动态的,在固定点左右变动。这个动态的点是每个学生学习的起点,所以课堂教学过程中的自主探究点也是动态的。同样的探究目标对于不同起点的学生来说,有不同的自主探究点,要使得不同起点的学生达成同样的探究目标就需要教师因材施教,个别指导,关注每一名学生。在开展自主探究活动时,教师要根据每一名学生的起点给予"提优扶困",帮助学生找准知识的生长点,完成学习目标。为了让不同的学生在数学上得到不同的发展,课堂上,需要根据学生情况,通过分层练习巩固所学知识。

其次,动态调整,不断改进。本教学模式的提出、发展、完善和提炼不是一蹴而就的,在十二年的行动研究中,校情、学情、师情发生了重大变化,在不改变本教学模式总体结构的前提下,对个别环节进行了相应的调整。例如,集备环节的新旧衔接点原来称为新旧结合点;课堂教学原来是先学,现在是学教融合,以教导学。这样边应用边改进,以适应新的教育要求,适合学校、学生、教师的新变化。

随着学校办学水平的准确定位,学校的发展目标也由追赶合格转变为追求优秀;教师对自己的要求由能上好常规课,基本完成教学目标,转变为形成各自的教学风格和教学特色,引领学生深度学习,争取成为校级、区级甚至市级及以上名师;学科教学对学生的培养目标由提高成绩转变为提升核心素养。从"知识核心时代"走向"核心素养时代",教师的角色从"教书"转向"育人"。在今后的教学研究中,只有不断地反思,在实践中总结经验,不断学习,坚持"实践—反思—实践"的过程,不断改善教学行为,打造减负提质的高水平课堂,才能不断促进学生核心素养的提升和教师的专业发展,才能让本教学模式永远有活力。

第二节　小学数学"三点一线·五维一体"学教融合教学模式的展望

对照国家教育发展的新要求,根据《义务教育数学课程标准(2022年版)》的课程理念,本教学模式的未来发展应该更加注重全面性、整体性和思想性。

一、拓宽应用范围,由点到面提炼全课型教学流程

目前本教学模式的教学流程仅仅适用于新授课,对于练习课、复习课、试卷讲评课的教学流程还在探索与总结中。在新授课中,计算教学、概念教学、统计教学、测量教学、规律性质教学、解决问题教学、综合与实践等等不同类型的教学流程虽然有相似之处,但又有各自的特点,需要根据不同的学习内容总结提炼不同的教学流程。因此需要提炼与总结全课型教学流程,以使本教学模式覆盖小学数学教学的所有内容,使其更有推广和应用价值。

二、推进单元整体设计,由重课时备课转向重单元备课

按新课标的要求,推进单元整体教学设计,合理整合教学内容,将单元教学目标分步实施在教学活动的各个环节。在后续的教学研究中,要在单元整体设计的基础上,更加注重单元教学目标和学习任务群的设计,将单元

教学目标分解为课时教学活动,立足数学核心素养的提升,引领学生深度学习,提升学生核心素养。不再以课时加知识点为单位进行教学设计,而是转向以单元为单位,尝试进行单元学历案设计。将课时三点拓展为单元三点,从教材结构的纵横两方面整体分析新旧衔接点。在单元学习目标下整体设计每一项自主探究活动,不再以课时为单位设计自主探究活动,而是围绕单元教学目标设计自主探究活动,注重探究活动的有效性、衔接性,尝试项目式学习进数学课堂。

三、坚持立德树人,将中华优秀传统文化融入数学教学

在运用本教学模式时,虽然在链接拓展点中渗透了一些中华优秀传统文化,但是不够丰富,不够深入,一般仅限于在新授课时作为课堂教学内容的补充而出现。基于立德树人的要求,将来要采用多样化的教与学形式让更多的中华优秀传统文化融入小学数学课堂。例如,推动中华优秀传统文化进教材、进课堂、进习题与作业、进评价;在真实的教学情境中让学生了解和感悟中国数学家为世界数学发展史做出的突出贡献,体验中华优秀传统文化的博大精深;将极具思想性、数学性的内容融入数学教学,让学生在感受与传承中华优秀传统文化中提升数学素养。

第五章

研究中的成长与收获

  在探索与总结提炼小学数学"三点一线·五维一体"学教融合教学模式的过程中，笔者和团队的成员多次执教区研究课、公开课，积极参加区级、市级优质课比赛，在比赛中锻炼和成长。对于工作中的好的做法，及时进行总结与提炼，在区域内进行推广，多次在各级教研活动中进行经验交流。多年的课题研究，让本教学模式经历了时间和实践的双重检验，在教学研究的过程中，笔者也掌握了很多科学的研究方法。在持续不断地研究中，笔者积累了丰富的资料。本章将介绍在实施本教学模式过程中积累的优秀教学案例、在各级各类教研活动中进行的经验交流、各级课题研究报告以及听课反思。

第一节　代表案例

本节将以"长方形的面积""24 时计时法""圆的认识""三位数除以一位数笔算"为例,介绍笔者及其团队成员运用本教学模式开展的教学设计、课堂实录等案例。

例1　长方形的面积教学设计

刘晓东

【教学内容】

青岛版小学数学教材六年制三年级下册第四单元信息窗 2 长方形和正方形的面积(第一课时)。

【教材分析】

本节课是学生在知道了面积的含义、初步认识面积单位和会用面积单位测量面积的基础上进行教学的,是学生学习平面图形面积的开始,也是学习其他平面图形面积的基础。教材通过创设各个房间面积有多大的情境引导学生探究长方形和正方形面积的计算方法。本节课教学第一课时,探究长方形面积的计算方法。

【课标分析】

(1)内容要求:结合实例认识周长和面积;探索并掌握长方形、正方形的周长和面积的计算公式。

(2)学业要求:会计算长方形、正方形的周长和面积。在解决图形周长、面积的实际问题过程中,逐步积累操作的经验,形成量感和初步的几何直观。

（3）教学提示：图形的面积教学要让学生在熟悉的情境中，直观感知面积的概念，经历选择面积单位进行测量的过程，理解面积的意义，形成量感。采用类比的方法，感知图形面积的可加性，推导出长方形和正方形面积的计算公式。在探索的过程中，形成初步的几何直观和推理意识。

【学情分析】

学生在三年级上学期已经学习过周长，在前一课时认识了面积和面积单位，对于长方形面积的大小有经验上的初步感知，但是难以用规范的数学语言进行表达。

【教学目标】

（1）通过实验操作和观察比较发现并验证长方形的面积计算公式，初步掌握长方形面积计算方法，能够熟练地运用公式正确地计算长方形的面积。

（2）发挥学习的主动性，在探究的过程中感受"猜想—验证—概括—应用"的数学学习方法，初步体会解决问题的方法和策略的多样性，养成勇于探索和实践的良好品质。

（3）在操作中体验学习的乐趣，在合作交流的过程中养成参与意识，培养合作能力，感受数学与生活的密切联系。

【三点析理】

新旧衔接点：长方形的特点、面积和面积单位。

自主探究点：通过多种形式的小组探究活动，探究长方形面积的计算方法。

链接拓展点：《九章算术》中"方田术"的数学文化介绍。

【教学重、难点】

自主探究总结长方形面积的计算公式。

【教学过程】

一、创设情境，提供素材

谈话：同学们，今天老师带同学们到老师家里去看看。这是老师住的小区，这是老师家的厨房、客厅，这是房子的平面图。仔细观察，你发现了什么？

预设：我发现卧室、厨房、客厅……都是长方形，餐厅是正方形。

谈话：说的真不错，看了房子的平面图之后，你能提出什么问题？

预设：厨房的周长有多大？厨房有多大？房子有多大？……

谈话：要知道厨房有多大、房子有多大，就是要求它们的面积，今天我们就先来学习长方形的面积计算。

板书课题：长方形的面积。

二、积极思考，引发猜想

1. 大胆猜想

谈话：同学们大胆猜想一下：长方形的面积可能和什么有关？

预设：周长、长、宽、长×宽。

板书：周长？长？宽？长×宽？

谈话：长方形的面积到底和什么有关系，有什么关系呢？下面我们一起探究一下。

2. 估计纸片的面积

谈话：厨房的面积太大了，我们可以借助一个小长方形纸片去研究，如果能找到求长方形纸片面积的方法，就可以求出长方形厨房的面积了。谁能估一估这张长方形纸片的面积有多大？

预设：我估计纸片的面积有9平方厘米、10平方厘米。

3. 动手操作，测量面积

谈话：长方形纸片的面积到底是不是10平方厘米呢？请同学们小组合作，用手中的学具测量一下这张长方形纸片的面积。

（学生以小组为单位进行活动，教师巡视指导）。

4. 反馈交流，形成猜想

提问：哪个小组想和大家交流你们的测量结果？

预设：

（1）用面积测量器量：（讲台演示）我们用面积测量器盖在长方形纸片上

面,然后数一数,一共盖住了10个1平方厘米的小正方形,所以长方形纸片的面积是10平方厘米。

总结:刚才这个小组是用面积测量器测量的,一眼就可以看出长方形纸片的面积是10平方厘米。

板书:面积测量器。

(2) 摆面积单位。

(讲台演示)摆满:我们组用1平方厘米的正方形纸片摆满整个纸片,一共用了10个,所以纸片的面积是10平方厘米。

谈话:刚才这个组用正方形纸片摆满了整个长方形,我们知道了它的面积是10平方厘米,有没有别的摆法?

(讲台演示)没摆满:我们组也是用摆的方法,每行可以摆5个,每列可以摆2个,一共用了10个面积为1平方厘米的正方形的面积,它的面积是10平方厘米。

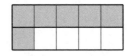

追问:为什么你们组没有摆满就知道它们的面积了呢?

预设:第1行摆5个,第1列摆2个,说明可以摆2行,乘一下就是10个1平方厘米的小正方形。

总结:这两组的同学都用摆的方法测量出了长方形的面积,第一种摆法比较清楚、直观,第二种摆法只摆了一行一列,更简便了。

板书:摆。

(3) 用尺子量。

谈话:还有没有别的测量方法?

预设:我们小组是用直尺量的,长方形纸片的长是5厘米,宽是2厘米,5乘2等于10,所以长方形的面积是10平方厘米。

追问:你能说说这样做的道理吗?

预设：这张纸片的长是 5 厘米，宽是 2 厘米，沿着长可以摆 5 个 1 平方厘米的正方形小纸片，一共能摆 2 行，5×2 就是 10 个。长是几厘米一行就能摆几个，宽是几厘米就能摆几行。所以不用摆，用长乘宽就能知道面积。

谈话：他讲得有道理吗？听明白了吗？

总结：这个小组的同学先用直尺测量出纸片的长和宽，长是 5 厘米，就可以摆 5 个 1 平方厘米的正方形纸片，宽是 2 厘米，就可以摆 2 行。大家听明白了吗？（课件演示）

谈话：请大家闭上眼睛，在脑子里画一个长 5 厘米、宽 2 厘米的长方形。长 5 厘米，沿长边可以摆（　　）个，宽 2 厘米，可以摆（　　）行，面积是多少？

板书：尺子量。

谈话：刚才同学们用面积尺量、摆面积单位和用尺子量算一算的方法测量出了长方形纸片的面积。你喜欢哪种方法？为什么？（屏幕展示）

预设：摆、量……

还有别的吗？你有不同意见吗？

小结：看来用摆面积单位和用面积测量器测量长方形的面积有一定的局限性，一般情况下，用量一量、算一算的方法比较普遍。

追问：通过刚才的探究，同学们思考一下，长方形的面积和什么有关？有什么样的关系呢？

总结：长方形的面积和长方形的长和宽有关系，长方形的面积等于长乘宽。

板书：长方形的面积＝长×宽。

• 设计意图 •

给学生提供现实生活的素材，设置探究活动，让学生探究长方形纸片的面积计算方法，先让学生大胆猜想，然后让学生估一估，再测量，经历探究长方形纸片面积计算的过程，在直观操作和合作交流中推测出长方形面积的计算公式。

三、操作验证,总结公式

1. 举例验证

谈话:同学们通过研究这张长方形纸片的面积,发现长方形的面积＝长×宽,这只是个别现象,还是所有的长方形的面积都等于长×宽呢? 这是我们的一种猜想(板书:猜想),有猜想就应该验证,我们应该怎样验证呢?

预设:再找几个长方形试一试。

谈话:这是一个好办法,请同学们以小组为单位,合作学习,根据小组合作学习卡上的要求,分别用不同的方法验证一下长方形的面积是不是等于长×宽。

板书:验证。

小组合作学习卡

(1)量一量。要求:量一量房子平面图中客厅、书房和卫生间的长和宽,然后用面积测量器量出它们的面积,填表5-1。

表5-1　验证长方形面积公式记录表1

	长/厘米	宽/厘米	面积/平方厘米
客厅平面图			
书房平面图			
卫生间平面图			
结　论			

(2)拼一拼。要求:任取几个面积为1平方厘米的正方形纸片,拼成不同的长方形,边操作,边填表5-2。

表5-2　验证长方形面积公式记录表2

	长/厘米	宽/厘米	面积/平方厘米
第一个长方形			

	长/厘米	宽/厘米	面积/平方厘米
第二个长方形			
第三个长方形			
结 论			

（3）摆一摆。要求：用资料袋里的正方形纸片摆1个面积为12平方厘米的长方形，填表5-3。

表5-3 验证长方形面积公式记录表3

	长/厘米	宽/厘米	面积/平方厘米
摆法一			
摆法二			12
摆法三			
结 论			

（4）画一画。要求：画几个长方形，并用方格纸测量一下它们的面积，填表5-4。（为计算方便，画长、宽都是整厘米数的长方形）

表5-4 验证长方形面积公式记录表4

	长/厘米	宽/厘米	面积/平方厘米
长方形1			
长方形2			
长方形3			
结 论			

2. 小组交流展示

谈话：哪个小组来汇报你们的研究结果？

预设1：我们先量出客厅平面图的长是5厘米，宽是4厘米，用面积尺量出它的面积是 20 平方厘米。书房平面图的长是 5 厘米,宽是 2 厘米,面积是 10 平方厘米。餐厅的长是 3 厘米,宽是 3 厘米,面积是 9 平方厘米。结论是长方形的面积=长×宽。

总结:这个小组借助直尺和面积尺验证了长方形的面积=长×宽。

预设 2:我们用拼一拼的方法拼出了不同的长方形,最后得到的结论是:长方形的面积=长×宽。

总结:他们借助面积为 1 平方厘米的正方形纸片摆了几个不同的长方形验证了长方形的面积=长×宽。

预设 3:我们摆了 3 个形状不一样的长方形,它们的面积都是 12 平方厘米。

追问:你们小组摆的这 3 个长方形形状怎样?

总结:他们小组探究出面积为 12 平方厘米的长方形有 3 种,形状不一样,长和宽也不一样,但是长×宽都等于 12 平方厘米,也验证了长方形的面积=长×宽。

预设 4:我们小组用画长方形再测量面积的方法验证了长方形的面积=长×宽。

总结:他们小组用画长方形的方法也验证了长方形的面积=长×宽。

3. 总结公式

总结:同学们刚才通过量、拼、摆、画等方法,验证了长方形的面积=长×宽。

教师板书:结论(长方形的面积=长×宽)。

谈话:你们真是小小研究者,你们和古人得出的结论是一样的。在我国古代的数学专著《九章算术》里就有关于长方形面积的计算的知识。《九章算术》方田章第一题:"今有田广十五步,从(音纵 zong,今作纵)十六步。问:为田几何。""答曰:一亩"。这里"广"就是宽,"从"即纵,指其长度,"方田术曰:广、从步数相乘得积步。以亩法二百四十步(实质应为积步)除之,即亩数。百亩为一顷。"得积步就是得到乘积的平方步数,当时称长方形为方田或直田。

• 设计意图 •

长方形的面积计算公式是学生通过动手操作发现的，还必须通过"验证"这一环节，使学生明白探究活动中，新的认识、新的结论不能盲目地断言，必须有充分的科学依据。在探究过程中，学生参与验证的过程，通过不同的验证方法，进一步体会到量出长和宽就可以很快地算出长方形的面积，学会发现规律，归纳公式。在得到结论之后拓展有关"方田术"的数学文化知识，进一步激发学生的学习兴趣，增强民族自豪感。

四、应用公式，解决问题

谈话：同学们通过共同探究，总结出了长方形的面积计算公式，下面我们就应用长方形的面积计算公式来解决一些问题。（板书：应用）

题目一：老师家里有一张长方形的餐桌，长 14 分米，宽 9 分米，要配上同样大小的软玻璃桌布，这块桌布的面积应该是多少平方分米？

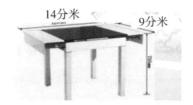

题目二：小区有一个篮球场长 28 米，宽 15 米，篮球场的面积是多少？

篮板的长是 18 分米，宽是 12 分米，篮板的面积是多少？

题目三：这是小区的宣传栏，你能根据今天所学的知识编一道数学题吗？

1米

3米

每平方米造价400元

题目四:这张餐桌是可以伸缩的,还可以变成正方形,现在你会算出正方形餐桌的面积吗?

9分米

·设计意图·

通过设计层次性和多样化的题目,让学生巩固所学的知识。题目的设计充分利用了情境和生活中的资源,让学生体会面积计算在实际生活中的应用,感受数学与生活的联系。题目一用到了转换的方法;题目二通过计算篮球场和篮板的面积进一步巩固长方形面积计算的方法;题目三发挥学生学习的主动性,通过让学生自己编习题来激发学生的学习兴趣,培养分析和解决问题的能力。

五、回顾整理,布置作业

谈话:通过这节课的学习,你有什么收获?

预设:我知道了长方形的面积=长×宽。

我学会了测量长方形面积的很多方法。

············

·设计意图·

引导学生从知识的掌握、学习方法的获得、情感态度等方面进行全面总结。通过完成作业,实现知识的迁移,为下节课的学习做好铺垫。

板书：

　　　　　　　　　　　　　长方形的面积

猜　想　　　　　　长方形的面积＝长×宽　　　　　面积测量器

验　证　　　　　　　　　　　　　　　　　　　　　　摆

应　用　　　　　　　　　　　　　　　　　　　　　直尺量

【课后反思】

　　本节课，我重点让学生经历长方形面积的探究过程，通过猜想、验证、应用的环节设置，给学生充分的动手操作的时间和空间，让学生积累数学活动经验，发展空间观念。在授课的过程中，大部分学生并没有摆满小正方形纸片就推出了答案，还有个别学生通过想象就可以知道摆满长方形学具需要多少个小正方形纸片，空间想象能力得到提升。

　　《九章算术》中"方田术"的介绍，让学生感受数学与生活的密切联系，同时感受我国数学文化的源远流长。

　　　　　　　　　　　　（执教本课获得市北区优质课比赛一等奖，图5-1）

图5-1　市北区中小学教师优质课比赛一等奖证书

例2 "24时计时法"教学设计

于 倩

【教学内容】

青岛版小学数学教材六年制三年级下册第五单元信息窗1。

【教材分析】

"24时计时法"是青岛版小学数学三年级下册的内容,属于"数与代数"领域"常见的量"的知识。"24时计时法"是计时的方法,学生在生活中已有所了解,但出现在课程中还是第一次。教材为学生提供生活中有趣的题材,唤醒学生已有的生活经验,从而主动了解24时计时法的规律,理解和发现普通计时法(12时计时法)和24时计时法之间的联系和区别,并能正确地进行两种计时法的互换,为以后进一步学习有关时间方面的计算打下基础。

【学情分析】

学生在前几册教材里已认识了钟表,学习了时、分、秒,知道了它们之间的关系,本单元继续学习年、月、日,基本掌握了常用的时间单位。学习这部分知识有助于学生认识较大的时间单位,有利于学生养成合理安排时间的良好习惯。

【教学目标】

(1)结合现实情境,了解24时计时法,会用24时计时法表示时刻。

(2)能进行12时计时法与24时计时法之间的相互转换。

(3)经历分类、对比等探索过程,在解决问题的过程中,能进行简单的、有条理的思考。

(4)感受数学与日常生活的密切联系,提高数学素养,受到科普教育。

【三点析理】

(1)新旧衔接点:学生根据已有经验,回家完成关于时间的手抄报,为新课的学习提供素材。

（2）自主探究点：使用闹钟和时间尺素材，学生自主填写时间尺，根据填写的时间尺，发现 12 时计时法和 24 时计时法之间的联系与区别。并且把时间尺绕两圈，自主探究制作成钟表，感受普通钟表的由来。

（3）链接拓展点：平日的生活中我们一般用的都是 12 刻度的钟表，让学生了解也有 24 刻度的钟表，潜水艇中使用的就是 24 刻度的钟表。

【教学重点】

理解 24 时计时法，会正确运用 24 时计时法表示时刻，明确两种计时法的异同，学会 12 时计时法和 24 时计时法的相互转换。

【教学难点】

12 时计时法和 24 时计时法的相互转换。

【教学准备】

钟表模型、课件。

【教学过程】

一、创设情境，提供素材

谈话：同学们，大家看，这三位小朋友约好了一起去天文馆，他们来到了天文馆的门口，看到了文化馆的放映公告。大家请看。（出示情境图）根据这些数学信息你能提出怎样的数学问题？

预设 1：15：00 是几时？

预设 2：13：30 是几时？

谈话：大家提的问题都是和时间相关的，这节课我们就来学习和时间有关的数学知识。

•设计意图•

充分利用情境图，激发学生在实际生活中发现数学信息，提出数学问题，产生探究新知识的欲望。

二、分析素材，理解概念

（1）初步认识 12 时计时法和 24 时计时法。

谈话：昨天同学们已经回家制作了关于时间的手抄报。老师根据大家手抄报上的时刻,选取了一些特殊的时刻。同学们能把这些时刻分分类吗?请先独立思考再群内讨论。

预设:我将这些时刻像这样分成两类。

提问:你是怎么分的?

预设:我将带有时间词语的时刻分成一类,没有时间词语的时刻分成一类。

谈话:大家看,黑板上出现了两种不同的计时法。像这种在时刻前面带有上午、下午等表示时间的词语的计时法,在我们的生活中应用比较普遍,叫作"普通计时法"(板书),也叫作 12 时计时法。而今天我们要研究的是一种新的计时法,你知道它的名字吗?

预设:24 时计时法。

谈话:今天我们就来研究 24 时计时法(板书课题)。

(2)探究时钟和时间尺,理解 24 时计时法。

提问:一天有几个小时?

预设:24 个小时。

提问:这把时间尺有 24 个刻度,新的一天从几时开始?

预设:0 时。

追问:可是钟面上没有 0 时,怎么表示?

预设:从晚上的 12 时开始。

谈话:下面我们一起来研究这把时间尺。请看小组活动要求:拨一拨手中的小闹钟,填一填,完成学习单上的时间尺。注意:表格上方填 24 时计时法,下方对应写出 12 时计时法。

谈话:哪个小组上台汇报一下你们的发现?

预设 1:我们小组发现 24 时计时法是从 1 时到 2 时……一直到 24 时。

预设 2:我们还发现 24 时的 1 时就是普通计时法的凌晨 1 时,24 时计时法的 7 时就是普通计时法的早上 7 时……

预设 3:下午 1 时的位置进入钟表的第二圈,所以在 24 时计时法中就是

13 时。

小结:同学们,我们一起来回顾一下刚刚这个小组的发现。(播放动态课件,如图 5-2 所示)

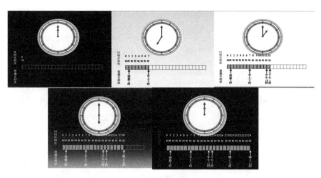

图 5-2 12 时计时法与 24 时计时法关系演示图

(3) 深刻体会 0 时就是 24 时,一天的结束就是新的一天的开始,体会钟表的形成。

谈话:24 时也表示一天结束了,一天的结束也意味着新的一天的开始。请看视频(播放春晚倒计时视频)。

谈话:通过迎接新年的到来,我们体会到了一天的结束也就是新的一天的开始。

24 时就是几时?

预设:0 时。

谈话:既然 0 时就是 24 时,那么我们将这个时间尺围成一圈,让 0 时和 24 时重合。(边讲解边播放动态课件,如图 5-3 所示)像这样,一天的结束就是新的一天的开始。

提问:一天的结束就是新的一天的开始,如果这是我们的钟表盘,你会有什么感觉?

预设:感觉很乱、数字太多。

提问:那我们怎样让钟表盘变得更清晰、简单一些呢?

预设:数字少一些。

追问:几个数字一圈呢?

预设:12个。

(播放动态课件,如图5-4所示)

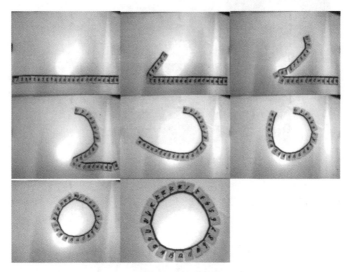

图 5-3　时间尺演化成钟面示意图

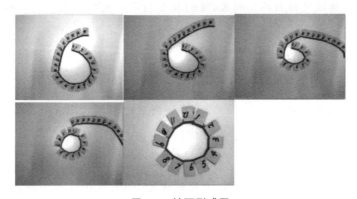

图 5-4　钟面形成图

提问:绕一圈以后,现在是一天吗?

预设:不是,只是中午12时。

提问：剩下的时间怎么办？

预设：再绕一圈。

（播放动态课件，如图5-5所示）

追问：13时在哪个位置呢？

预设：在下午1时的位置。

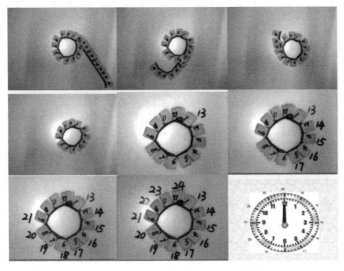

图5-5 12时计时法与24时计时法对应图

小结：像这样绕了两圈就是一天，也就形成了我们的钟表盘。这样看起来清晰、方便多了。

•设计意图•

从学生制作的作息表中选取一些特殊的时刻，让学生进行分类，从而使学生初步认识12时计时法和24时计时法，并引出课题。学生通过小组合作边拨手中的闹钟边完成探究单，发现钟表和时间尺之间的联系，完成时间尺，从而更加深刻地理解24时计时法和12时计时法。春晚的倒计时视频，让学生更深刻地体会0时也就是24时，一天的结束也就是新的一天的开始。前一次的小组合作是通过钟表盘来研究时间尺，这次将时间尺返回去和钟表结合,从而更深刻地理解 12 时计时法和 24 时计时法之间的联系,也理解了钟表盘形成的意义所在。

三、交流素材,建构概念

发现两种计时法的区别和联系,深刻体会互化的简便方法。

谈话:我们刚才借助了钟面和时间尺研究了 24 时计时法。你能根据我们刚刚完成的时间尺,将这些时刻转换成另一种计时法吗? 下面请小组合作,把它们填写在学习记录单上,并说一说你是怎样做的。

谈话:哪位同学代表小组上台汇报?

预设:我的答案是这样的。(教师板书答案)

提问:你有什么好方法可以做得又快又准吗?

预设:我发现将普通计时法转换成 24 时计时法在中午 12 时之前的只要去掉表示时间的词语即可,时刻保持不变。12 时之后的则需要去掉词语以后,再加上 12。

将 24 时计时法转换成普通计时法在中午 12 时之前的只要加上表示时间的词语即可,时刻保持不变。12 时之后的则需要加上词语以后,再减去 12。

小结:我们根据这位同学的方法再来回顾总结一遍。将普通计时法转换成 24 时计时法在中午 12 时之前的只要去掉表示时间的词语即可,时刻保持不变。12 时之后的则需要去掉词语以后,再加上 12。将 24 时计时法转换成普通计时法在中午 12 时之前的只要加上表示时间的词语即可,时刻保持不变。12 时之后的则需要加上词语以后,再减去 12。(板书)

谈话:通过观察,我们发现了两种计时法之间的联系和区别,从而能够快速准确地解决问题了。

• 设计意图 •

学生通过对照时间尺,完成学习单的第一题,之后小组讨论发现 24 时计时法和普通计时法之间的联系和区别,找到了解决两种计时法转换问题的简便方法。

四、联系实际,巩固练习

1. 解决信息窗中信息的时刻换算

谈话:根据我们发现的方法,我们来解决信息窗的问题。15 时是几时? 请完成学习单的第二题。

谈话:生活中你能举出哪些地方也用 24 时计时法?

谈话:平日的生活中我们一般用的都是 12 刻度的钟表,那么有没有 24 刻度的钟表呢?(课件展示实例)

　　我们经常用的钟表都是12小时刻度的,然而在潜艇内用的钟表却都是24小时的刻度,这是因为在水下航行的时候分不清白天还是黑夜,用这个钟表可以让潜艇内的人员分辨现在是白天还是黑夜。

2. 认识钟表上的时刻

小结:时刻要根据实际情况来判断。

• 设计意图 •

通过本节课的学习将信息窗的问题加以解决,这是基础型练习。通过多种形式的练习帮助学生更好地掌握本节课的知识。

五、课堂小结

本节课,我们通过在天文馆中发现的数学问题,一起认识了 24 时计时法,会用 24 时计时法表示时刻,并且学会了 12 时计时法和 24 时计时法之间的转换,最后,用今天学会的知识解决了生活中的问题。

六、板书设计

板书设计如图5-6所示。

图5-6 板书设计

【课后反思】

24时计时法在时间这部分知识中是一个教学难点,尤其是它与12计时法之间的相互转化,学生在理解、表述的过程中容易产生混淆。为了让学生在这节课学得既轻松,知识点掌握得又好,我在教学中,充分利用学生已有的知识和生活经验,紧紧抓住24时计时法与12时计时法的异同,加深学生对24时计时法的理解。同时,在教学中我注重内容生活化、活动化、大众化,帮助学生更好地学习,让更多的学生喜欢数学,具体体现以下几点。

一、导入生活化,唤起学生已有知识经验

数学教学要培养学生用数学的眼光从现实生活中发现问题、解决问题、增强应用意识,因此,我根据学生已有的生活知识导入新课,请学生回家制作关于时间的手抄报,然后进行分类整理。引入时间尺,引导学生用两种不同计时方法表示同一时刻。

二、给学生提供自主学习机会,在探索中求知

学生探索学习必须借助一定的工具,通过直观演示,学生观察思考,得到结论。为了帮助学生更好地理解 24 时计时法,教学中,通过课件演示时间尺绕成一周的情景,让学生感受到数字多且杂乱,使学生体会到时针一天要走两圈,每圈走 12 小时,自然而然地理解了 24 时计时法,发现了 24 时计时法与普通计时法的区别和联系。通过对 0 时的讨论,强化对 0 时的理解,知道今天的 0 时就是昨天的 24 时。

(2018 年,笔者指导于倩老师执教本课获得市北区优质课比赛一等奖,图 5-7)

图 5-7 市北区优质课比赛一等奖证书

例3 圆的认识教学设计

田景霞

【教学内容】

青岛版小学数学教材六年制六年级上册第四单元信息窗 1"圆的认识"。

【教材分析】

圆是小学数学"空间与图形"领域的教学中最后一个平面图形,也是小

学阶段教学唯一的曲线图形。本节课的内容是在学生已经直观认识圆的基础上,引导学生进一步认识圆的圆心、半径和直径,探索发现圆的基本特征,学会用圆规画圆。通过对圆的认识,不仅能加深学生对周围事物的理解,还能提高学生解决简单实际问题的能力,为后续学习的圆周长、面积及圆柱体打下基础。

【课标分析】

在"图形与几何"学习主题中,对圆的认识相关要求如下:

(1)内容要求:认识圆,会用圆规画圆。

(2)学业要求:会用圆规画圆,能描述圆和扇形的特征。

(3)教学提示:圆的教学可以列举生活中的实例,引导学生概括圆的特点,利用圆规画圆,加深对圆的理解。

【学情分析】

六年级的学生已经具备一定的生活经验,如骑过自行车,有一些学生可能还用过圆规,对圆有一些了解,但只是直观的认识。本课将在学生原有的认知基础之上,进一步认识圆的特征,使学生深切体会圆的特征与我们的生活紧密相连。学生在低年级时对圆已有初步的感知,但建立正确的圆的概念以及掌握圆的特征还是比较困难。由认识平面的直线图形到认识平面上的曲线图形,是学生认识发展的一次飞跃。根据学生的年龄特征,好动、贪玩是他们的天性,寓教于乐的学习方式最受学生欢迎。只有抓住学生的特点,投其所好,注重体验,才会让学生在操作活动中轻松、愉快、有所创造地学习。

【教学目标】

(1)结合生活实际,通过观察、操作等活动,认识圆及圆的特征;认识半径、直径,理解同一圆中直径与半径的关系;会用圆规画圆。

(2)体验数学与生活的密切联系,能用圆的知识来解释生活中的简单现象。

(3)通过观察、操作、想象等活动,培养学生自主探究的意识,进一步发展学生的空间观念。

【三点析理】

(1) 新旧衔接点:学生以前认识了长方形、正方形、三角形、平行四边形、梯形等直边形的图形,对于曲边图形则是第一次接触,但在生活中学生对圆的接触比较多,并不陌生。

(2) 自主探究点:学生自己探究圆的画法,学生可能用圆形的东西比着画,但是很有局限性,出现认知矛盾;通过画圆、画半径和直径,探究圆中半径与直径有多少条,并且发现半径与直径的关系。

(3) 链接拓展点:渗透有关圆的数学文化。

【教学重、难点】

掌握圆的特征;理解同圆或等圆中半径和直径的关系。

【教学准备】

多媒体课件、圆规等。

【教学过程】

一、创设情境,提供素材

谈话:同学们,随着时代的进步,我们的交通工具也在不断地发生着变化。看,你认识它们吗?

预设:有马车、人力车、自行车、摩托车、汽车、飞机。

谈话:交通工具在变,但有一点没变,是什么?

预设:都有轮子,而且轮子都是圆的。

谈话:同学们概括得很准确,轮子的形状始终不变,是圆形的。

谈话:你有没有想过,轮子为什么是圆的呢?

预设1:圆形轮子易于滚动。

预设2:长方形、正方形都有棱有角,跑起来上下颠簸,而圆形就没有。

谈话:同学们说得都有道理。看起来圆和我们之前学习的图形有不同之处,到底有什么不同呢? 谁能来说一说?

预设:下面这些图形都是由线段组成的,而圆形是由一条曲线围成的。

谈话:是的,这些平面图形都是由线段围成的,而圆形是由一条曲线围成的平面图形。看来,车轮设计成圆形和圆的特点有很大的关系。这节课我们就对圆做进一步的研究,相信经过今天的学习你就能很好地理解这个问题了。

谈话:既然都是平面图形,在研究它们的方法上就有相同之处。我们一起来回顾一下,学习之前的长方形、正方形时都用到了哪些常用的研究方法?画一画、量一量、折一折。我们把这些方法迁移到今天的学习上,来研究圆的一些特征。

二、分析素材,理解概念

(一)交流初次画圆的方法

谈话:既然我们要研究圆,下面我们就来画一个圆吧,画在你的报告单上。

谈话:你们画好了吗?哪位同学来交流一下?

预设1:我是用透明胶带的圆圈画的。

谈话:你是借助实物比着画的,还有不同的方法吗?

预设2:我是用圆规画的。

谈话:这位同学是借助专门的工具画的,还有哪些同学是用圆规画的?

谈话:不管是用实物比着画还是用圆规,我们都通过画一画进一步地感受到了圆是由一条曲线围成的图形。

(二)体会圆规画圆的普适性

谈话:你能用你刚才的工具画一个再大一些的圆吗?

谈话:老师发现有同学还没有开始画,你能说说为什么没开始吗?

预设:因为透明胶太小了,没法画一个更大的了。

谈话:这说明比着画的方法有一定的局限性,那么用圆规能画出来吗?

谈话:看来圆规是画圆的常用工具。

(三)学习用圆规画圆的方法

谈话:下面我们就借助圆规尝试画一个圆,边画边思考如何能画得又快又好。

谈话:老师在巡视时发现这位同学画得又快又好,你能给同学们解释一下你是怎么画的吗?

预设:要画好这个圆,首先针尖要固定好,叉开的两脚的距离也不能动,然后慢慢地旋转一周,就画出一个圆。

谈话:说得非常好,为了让同学们看得更清晰一些,老师录了一个微视频,边看边思考画的时候应该注意什么?

谈话:谁来说一说画圆应该注意什么?

预设:画圆时先确定一点,两脚叉开一段距离,再旋转一周。

谈话:说得非常好。在使用圆规时要注意,先确定的一点,也就是定点,两脚叉开的大小在旋转过程中不能动,也就是确定长度,定长,再旋转。

谈话:现在同学们掌握画圆的方法了吗? 下面我们就用这种方法再来画一个圆。老师有两个要求:第一,新画的圆要和刚才的圆在同一位置上。第二,要比刚才的圆小一点。下面试一试。

三、借助素材,总结概念

1. 认识圆各部分的名称

谈话:你是怎么画的?

预设:我还是找上次的针尖扎的点,固定后再将两脚的距离缩小一点。

谈话:你们都是这么画的吗? 通过这次画圆,你有什么新的发现呢?

预设:我发现定点的位置就是圆的位置,定长的长度能控制圆的大小。

谈话:你说得非常对,这个点就决定了圆的位置,两脚间的距离就决定了圆的大小。(板书)

谈话:刚才同学们画了圆,老师也想画一个圆。老师在画圆的时候,同学们注意观察,再加深一下画圆的方法。

谈话:其实定点、定长都有它们的名字,接下来大家打开课本56页,看最上面的一段话,自学一下圆各部分的名称,过会儿请同学当小老师给大家讲一讲。

谈话:每组派两位代表,两个人分分工,一人汇报一部分。

谈话:这两位小老师说得好不好,哪里说得好?

预设:通过圆心,两端都在圆上的线段叫作直径。

谈话:你真善于学习,思维真严谨。

2. 探索圆的特征

谈话:刚才我们认识了圆各部分的名称。其实圆还有许多特征呢,同学们想不想自己动手来研究研究?下面以小组为单位动手折一折、量一量、画一画,相信大家一定会有新的发现,并将你们的发现都记录在报告单上。

谈话:哪个小组先说一说你们的发现?

预设:我们发现圆有无数条半径,并且长度都相等。我们是通过折一折后量一量的方法发现的。

谈话:大家都是通过这种方法发现的吗?

预设:因为在画圆时两脚间的距离不动,这个距离就是半径,所以半径长度都相等。

谈话:你们发现了吗? 我们来看这两个圆,它们的半径长度相等吗?

谈话:所以,同学们说的时候一定有一个重要的前提——在同一圆内。这样才更加严谨。

预设1:在同一个圆内,直径也有无数条,它们的长度也相等。

预设2:在同一个圆内,直径的长度是半径的2倍,半径的长度是直径的一半。因为我通过折一折发现一条直径是由两条半径组成的。所以直径的长度是半径的2倍,半径的长度是直径的一半。

预设3:我们发现圆是轴对称图形,对折以后,左右两边完全重合。圆有无数条对称轴,对称轴是直径所在的直线。

谈话:对,圆有无数条对称轴,对称轴就是直径所在的直线。

谈话:同学们,我们通过折一折、量一量,对圆有了进一步的认识,还知道了半径和直径的特点及它们之间的关系。

四、巩固拓展，应用概念

谈话：其实，早在 2 000 多年前，我国的古人就已经对圆有了深刻的研究。我国古代伟大的思想家墨子也得出过相似的结论："圆，一中同长也。"同学们齐读一遍。

谈话：哪位同学能解释一下？

预设：一中，应该是指圆心，同长是指同一圆内半径都相等。

谈话：一中同长这四个字高度概括了圆的本质特征。

谈话：在同一时期，我国的天文学和数学著作《周髀算经》也记载了"圆出于方"，你们了解这句话什么意思吗？

预设：我觉得这句话的意思是圆是从正方形里面得出来的。

谈话：你的语言理解能力很强。圆最初是从正方形里面画出来的。学过美术的同学都有这样的经验。我们来看课件演示。这时剩余部分是几边形？

谈话：我们再进行切割，剩余部分变成了正 16 边形，再切，变成了 32 边形，还可以继续切吗？还可以切多少次？同学们想象一下，当切的次数越来越多，那么多边形边数越来越多，它就越来越接近于圆。

谈话：这就是"圆出于方"。看来我们今天学的曲线图形和之前学的由线段围成的图形既有区别又有联系。同学们，看来我国古人对人类的文明进步所做的贡献非常大，值得我们为之骄傲。

谈话：经过刚才的学习，你能运用今天学过的知识解释一下车轮为什么设计成圆形吗？谁能解释一下？

预设：正因为圆的半径相等，圆心到底面的距离也相等，行驶起来比较平稳，所以车轮设计成圆形。

谈话：是这样的吗？我们一起来看一下课件演示。

谈话：人们之所以把车轮做成圆形的，是因为当车轮在地面上滚动时，车轴离开地面的距离就总是等于半径的长，这样行驶起来才平稳。其实用四个字就可以概括车轮是圆形的原因：一中同长。

谈话:其实,我们生活中有很多很多圆,让我们一起来欣赏一下。

谈话:它们美吗?所以古希腊哲学家毕达哥拉斯学派认为:一切平面图形中最美的是圆形。

这节课你学到了什么?

师:今天我们研究了圆,知道了圆的基本画法和原理,理解了圆心、半径和直径的概念,以后我们也会像研究长方形、三角形、平行四边形和梯形这些平面上的直边图形一样,进一步研究圆的周长和面积。

【课后反思】

我在设计这一节课时,有自己的一些想法和观念。圆,是生活中常见的平面图形,所以我在教学中,根据三点析理的新旧结合点,联系了学生已有的生活经验,让学生通过观察、操作等认识圆。

一、联系生活实际,让学生感悟圆和生活的联系

从生活实际引入,并在进行新知的探究活动中密切联系生产、生活实际。

这节课的开始,先复习了对其他平面图形如三角形、长方形、平行四边形的认识。关于复习内容,学生已经知道,不应再详细引导学生回顾面积或者周长计算公式的由来。我通过圆形的建筑和生活中常见的圆形物品,让学生说说生活中的圆形,使学生感知圆形在生活中的广泛应用,激发了学生的学习兴趣。

二、设计动手操作活动,让学生认识圆

本课时我设计的操作活动:我让学生用自己的方法画圆。画圆方法有两种,第一种是借助圆形实物画圆,第二种是借助圆规画圆。对于后者,其实学生已经有了画圆的经验,那么关键是在于画圆的具体操作过程。我巧妙地利用了自己画圆时出现的失误,引导学生发现画圆的要点是定圆心、定半径、旋转一周。本环节是学生的自主探究点,也是本节课的重点。

学生在操作中,能够自己得出结论:圆的半径和直径有无数条,同圆里半径相等、直径相等。我让学生进行两次操作活动,第一次探索半径有无数

条,第二次探索直径有无数条。其实课后反思,只应该设计第一个操作活动,第二个应该启发学生进行思考:直径也是有无数条的。操作活动设计得多,虽然调动了学生的积极性,但是浪费了时间,同时也不利于学生自主学习。

三、不足之处

(1)部分学生对于圆的半径、直径等概念的理解不够到位,对于直径、半径及其与圆之间的关系掌握得不够透彻。

(2)与学生的情感交流方面明显不足,显得有些生硬。

(3)教师的教学经验与教学机智不够,对于课堂上动态生成的信息处理不灵活,给人的感觉是离不开教案,而且还造成前松后紧的局面。

(4)关于如何让学生自学以及自学内容的选定方面自己还是把握不住,需了解学生学情。

(本课例为笔者指导田景霞老师执教的区公开课,图 5-8)

图 5-8 市北区公开课证书

例4　三位数除以一位数的笔算教学设计

刘晓东

【教学内容】

青岛版小学数学教材三年级上册第五单元信息窗3。

【教材分析】

教材沿用走进风筝加工厂的情境,通过解决三个问题,掌握三位数除以一位数的三种笔算类型。重视学生推理意识、运算能力和解决问题能力的培养。

【课标分析】

课程标准指出:在数学课程中,应当发展学生的"运算能力"。运算能力主要是指能够根据法则和运算律正确进行运算的能力。培养运算能力有助于学生理解运算的算理,寻求合理简洁的运算途径解决问题。课程标准中关于本课时的要求:"结合具体情境,体会整数四则运算的意义""能计算三位数除以一位数的除法"。

本节课,通过延续风筝加工厂的情境,在给风筝装箱的过程中,体会除法运算的意义。本节课要解决的问题是求几里面有几个几用除法计算。基于二年级"除法的意义"学习,学生可以顺利地列出算式。青岛版小学数学教材中,三位数除以一位数是分两部分进行的,一部分是本节课学习的三位数除以一位数商是三位数的情况,是在上一节课学习两位数除以一位数的基础上进行教学的。第二部分是三年级下册学习三位数除以一位数,商是两位数,商的中间或末尾有0的情况。

根据课标的要求,我认为,通过本节课的学习,学生要能够正确计算三位数除以一位数的笔算,会验算,对于有余数的除法在具体情境中能够正确地选择用"进一法"还是"去尾法",会根据被除数的首位数字和除数判断商是几位数。

计算教学对学生来说是比较枯燥的,但是本节课对于算理的掌握又是至关重要的,所以在课堂上要充分利用学生已有的经验,放手让学生以小组为单位探究三位数除以一位数的计算方法。

【学情分析】

在二年级的学习中,学生已经扎实掌握了表内乘法和表内除法,已经具备充分的平均分物的经验,并且能够用竖式表示表内除法。三年级学生的思维发展逐渐由形象思维向抽象思维过渡,具备动手操作、合作探究、汇报交流等学习活动的能力。在信息窗1"口算"、信息窗2"两位数除以一位数笔算"的基础上,学生可以通过推理自主探究出三位数除以一位数的计算方法。

【教学目标】

(1)结合具体情境,进一步理解除法的意义;能正确笔算被除数最高位够除的三位数除以一位数,掌握除法的验算方法;经历探索三位数除以一位数的笔算过程,明确算理,掌握算法,提高知识迁移类推能力和运算能力。

(2)在探索算法的过程中,增强探索意识,提高语言表达能力及合作交流能力。

(3)能利用所学的知识提出并解决简单的实际问题,感受数学与生活的联系,体验学数学、用数学的乐趣。

(4)通过对知识的回顾交流,提高自我评价能力,促进数学素养的全面提升。

【三点析理】

新旧衔接点:将整十数除以一位数、两位数除以一位数的计算方法迁移,掌握三位数除以一位数的计算方法。

自主探究点:小组合作探究,用前一个信息窗掌握的方法解决三位数除以一位数,每一位都没有剩余的笔算,百位有剩余、十位有剩余的笔算、验算,以及有余数的除法及其验算。

链接拓展点:尝试四位数除以一位数的笔算。

【教学重、难点】

（1）三位数除以一位数除法的笔算方法,掌握除法的验算方法。

（2）理解三位数除以一位数笔算的算理。

【教学准备】

多媒体课件,自主探究单。

【教学过程】

一、创设情境,自主探索

（一）谈话导入

谈话:同学们,这一单元,我们在信息窗1学习了整十、整百数和几百几十除以一位数的口算。在信息窗2我们又学习了两位数除以一位数的笔算,今天我们继续走进风筝加工厂,来看看还会有哪些新的收获。

（二）根据信息,提出问题

（课件出示:信息窗3情境图）

提问:从图中你发现了哪些数学信息? 引导学生找出信息:

246只燕子风筝,每盒装2只。

438只老鹰风筝,每盒装3只。

752只孔雀风筝,每盒装6只。

根据信息,你能提出什么数学问题? 引导提出问题:

燕子风筝一共能装多少盒?

老鹰风筝一共能装多少盒?

孔雀风筝一共能装多少盒?

板书问题。

• 设计意图 •

创设风筝厂对加工好的风筝进行包装的情境,通过观察情境图中的数学信息,引导学生提出有价值的数学问题,培养学生发现问题、提出问题的能力。

(三)解决第一个问题,自主探索方法

提问:246只燕子风筝,每盒装2只,燕子风筝一共能装多少盒,应该怎样列式? 鹰风筝一共能装多少盒,怎样列式? 孔雀风筝一共能装多少盒呢?

预设:$246 \div 2$ 　　　　$438 \div 3$ 　　　　$752 \div 6$(板书)

追问:同学们用了3个除法算式来计算这3个题目,谁能来说一说,为什么你们都用除法计算?

预设:要求能装多少盒,就是要求几里面有几个几,用除法计算。

小结:是的,求一个数里面有几个几用除法计算。

提问:观察这个算式,你觉得它的商是几位数?

预设:商的最高位应该在百位上,所以商应该是三位数。

总结:你看的是最高位,2个百除以2可以得到一个整数商,所以它的商是三位数。

谈话:这个算式与信息窗2学习的算式有什么不同?

预设:这个算式是三位数除以一位数。

谈话:今天,我们就一起来学习三位数除以一位数的笔算。

板书课题:三位数除以一位数的笔算。

谈话:结合两位数除以一位数的计算方法,你会计算$246 \div 2$吗? 请大家看探究要求:

想一想:先算什么、再算什么、最后算什么?

写一写:把你的想法记录在学习单上。

说一说:和同伴交流你是怎样算的。

(四)学生自主探究

(1)引导:请同学们在学习单上,利用前面我们学习的方法,独立思考,尝试计算。

(2)学生独立计算,教师巡视。

二、算法交流,分析比较

(一)交流算法

1. 小组交流

谈话:请同学们把自己的计算方法在小组内和其他同学交流一下。

2. 全班交流

交流笔算的方法。

小组展示笔算的方法(图5-9)。

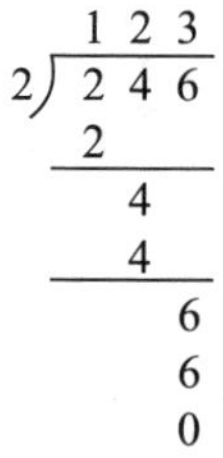

预设:先用2(个百)除以2得1(个百),把1写在商的百位上,一二得二,2减2正好分完;再用4(个十)除以2得2(个十),把2写在商的十位上,二二得四刚好分完;最后用6(个一)除以2得3(个一),把3写在个位上,二三得六,6减6刚好分完。

```
        1 2 3
    2 ) 2 4 6
        2
        ─────
          4
          4
        ─────
            6
            6
            0
```

图5-9 246÷2计算的竖式

总结:听了他们的介绍,我觉得他们的方法很清楚,道理很明白,你有什么问题想问他们吗?

预设:1为什么写在百位上?

2为什么写在十位上?

3为什么写在个位上?

预设:百位上是2,表示2个百,2个百除以2是1个百,所以在百位上写1。

十位上是4,表示4个十,4个十除以2是2个十,所以2写在十位上。

··········

总结:就像我们学习两位数除以一位数的时候一样,除到哪一位,商就写在那一位的上面。

谈话：下面，我们一起来梳理一下 246÷2 的计算过程。

246÷2 表示把 246 平均分成 2 份，我们先分 2 个百，再分 4 个十，最后分 6 个一，也就是用百、十、个位上的数依次除以除数 2。百位上的 2 去除以 2 的时候，第一步口诀求商，2 除以 2 得 1；然后商与除数相乘；百位上的数分完了没有？我们减一减，算一算；2 减 2 等于 0，刚好分完；这样我们通过除、乘、减三步运算把百位上的数分完了；分完百位继续分十位，把十位上的 4 落下来，还是要先除，口诀求商，4 除以 2 等于 2，在十位上写 2，然后商与除数相乘，再减一减看十位分完了没有，4 减 4 等于 0，现在十位上的 4 个十也分完了，再分个位上的 6 个一。这样我们就算出了燕子风筝一共能装多少盒。

（二）分析比较

三位数除以一位数与两位数除以一位数的比较。

谈话：我们一起回顾一下学习两、三位数除以一位数的笔算过程。首先我们学习了两位数除以一位数，商是两位数的情况（出示第一节课课件），今天我们又学习了三位数除以一位数（商是三位数）的笔算（出示本节课的课件）。比较一下，本节课除法与上一节课学习的除法有什么相同点与不同点？

根据学生的回答，总结：相同点都要从高位除起，先分几个百，再分几个十，最后分几个一，每一数位上的数与除数相除时，按照除、乘、减、落的步骤把分的过程在竖式中依次表示出来。

总结不同点：老师听明白了，你发现了三位数除以一位数的竖式很长，这一层分的是百位上的数，这一层分的是十位上的数，这一层分的是个位上的数，一共有几层呢？有三层。这个呢？有两层。

（三）针对性练习

同学们有没有掌握三位数除以一位数的笔算方法呢？我们通过两道题目来看一看。

先想一想商是几位数，再计算。

$3\overline{)369}$　　$2\overline{)226}$

请一、二、三组同学做第一题,其他组同学做第二题。

指名汇报。

请同学们对照屏幕上的竖式检查你的计算过程和答案对不对。

·设计意图·

让学生在独立思考的基础上,引导学生迁移已有的方法经验,扩展认知结构;通过对比口算和笔算的过程,使学生明白算理;比较三位数除以一位数和两位数除以一位数的计算过程,启发他们在求同中体会内在的一致性,加深对算理和算法的理解,在求异中体会除法竖式分层书写的合理性,感受竖式的结构美。这样的知识迁移、比较、沟通,促进了数学知识的相互联结。

三、沟通优化,促进发展

1. 解决:老鹰风筝一共能装多少盒

(1)独立思考,尝试解决。

我们继续解决下一个问题。请同学们先自己试着用竖式算一算,然后和同桌交流你的算法。

学生独立计算,同桌交流,教师巡视。

(2)全班交流。

谈话:哪对同桌愿意到黑板前说说你们的想法,并板书你们的计算过程?

预设:先用 4(个百)除以 3 得 1(个百),把 1 写在商的百位上,4 个百减 3 个百是 1 个百。一个百与 3 个十合起来就是 13 个十;13(个十)除以 3 得 4(个十),把 4 写在商的十位上,13 个十减 12 个十是 1 个十,1 个十与 8 个一合起来就是 18 个一;18 个一除以 3 得 6 个一,把 6 写在商的个位上。(课件板演)

学生边汇报边板书(图 5-10)。

教师总结:他们讲的算法很清楚,道理也很明白,你们还有什么问题吗?

预设:1 为什么写在百位上? 4 个百除以 3 得 1 个百,在百位上写 1。

提问:同学们看,这里还有一个 1,这个 1 是怎么得到的?

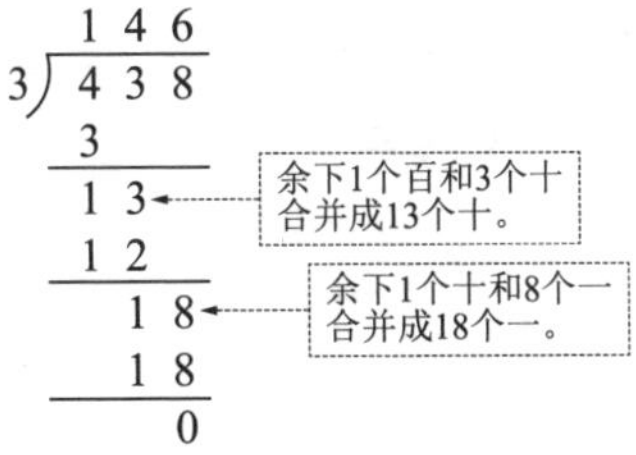

$$
\begin{array}{r}
    1\ 4\ 6 \\
3\ )\overline{4\ 3\ 8} \\
    3 \\
    \overline{1\ 3} \\
    1\ 2 \\
    \overline{1\ 8} \\
    1\ 8 \\
    \overline{0}
\end{array}
$$

> 余下1个百和3个十合并成13个十。

> 余下1个十和8个一合并成18个一。

图 5-10　438÷3 竖式图

总结:百位上的 4 除以 3 并没有除完,还余下 1 个百。

提问:这个 13 表示什么?

预设:余下的 1 个百和 3 个十合并成 13 个十。

总结:这 1 个百除以 3 不能得整数商,就化成 10 个十与 3 个十合成 13 个十。百位除完了有剩余和下一数位合起来继续除,这种情况我们在信息窗 2 也用过了。同学们看一看,这个竖式中还有这种情况吗?

预设:18,是十位上余下的 1 个十和个位上的 8 个一合成 18 个一。

小结:前面那道题目每一数位上的数除完了都没有剩余,这一道题目只不过在计算时每一数位上的数除完了有剩余,要和下一位上的数合并起来继续除。

谈话:438÷3＝146 是否正确呢? 在信息窗 2 我们还学习了验算的方法,请同学们用我们学过的验算方法,在学习单上完成这道题目的验算。

提问:大家用什么方法验算的? 谁能来说一说?

预设:用乘法进行验算。

$$
\begin{array}{r}
1\ 4\ 6 \\
\times3 \\
\hline
4\ 3\ 8
\end{array}
$$

板书。

口答,板书。

2. 解决:孔雀风筝一共能装多少盒

学生独立计算后交流展示,图 5-11。

谈话:最后一道题肯定也难不倒你,快来试试吧。谁能把你的计算竖式写到黑板上?

全班交流。

$$752÷6=125（盒）……2（只）$$

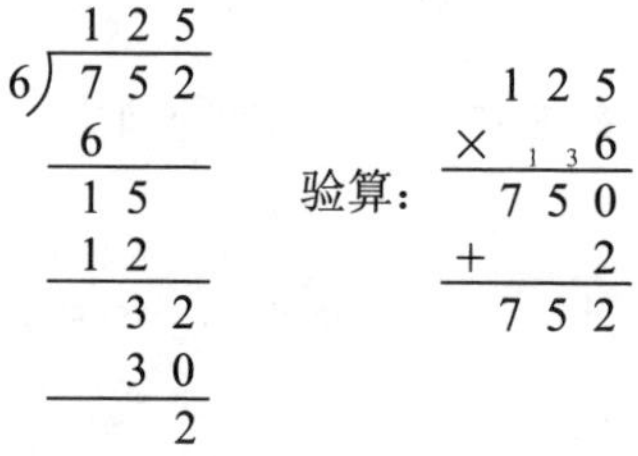

```
        1 2 5
   6 ) 7 5 2
       6
       1 5             1 2 5
       1 2      验算：  ×    6
         3 2           7 5 0
         3 0         +     2
           2           7 5 2
```

答：一共能装125盒。

图 5-11   752÷6 竖式图

谈话:我们先来看看他的竖式算得对不对,大家的计算结果都是125余2吗?

提问:横式的结果应该怎么写?你要提醒同学们注意什么?

预设:125(盒)余2(只);注意不要忘记写余数。

提问:谁能口答一下?

预设:答:孔雀风筝能装125盒。

追问:这里为什么是125盒?

小结:在解决问题时,我们要根据实际情况决定是进一还是去尾,选择合适的答案。

提问:这一道有余数的除法该怎样验算呢?谁能来说一说?

3.类比沟通,总结算法

谈话:想一想,三位数除以一位数,我们是怎么样计算的?把你的想法说给你的同位听一听。

学生同桌交流。

提问:谁能来说一说怎样计算三位数除以一位数?

根据学生的回答,课件出示:

（1）从被除数的最高位除起。

（2）每一次除按照除、乘、减、落的顺序进行计算。

（3）除到被除数的哪一位就把商写在那一位上面。

（4）余数要比除数小。

小结：同学们总结的这些就是两三位数除以一位数的笔算方法。

• 设计意图 •

本环节继续借助前一信息窗的知识进行迁移，教师放手让学生独立解决，合作探究，同时给学生提供充分的时间展示交流，尊重学生的主体地位，使学生体验到自主探究获得成功的喜悦，激发学习数学的热情。最后，教师引领学生回顾3个解决的问题，总结计算方法，帮助学生积累数学活动经验，提高运算能力。

四、联系实际，灵活运用

（一）基本练习

（1）火眼金睛辨对错（图5-12）。

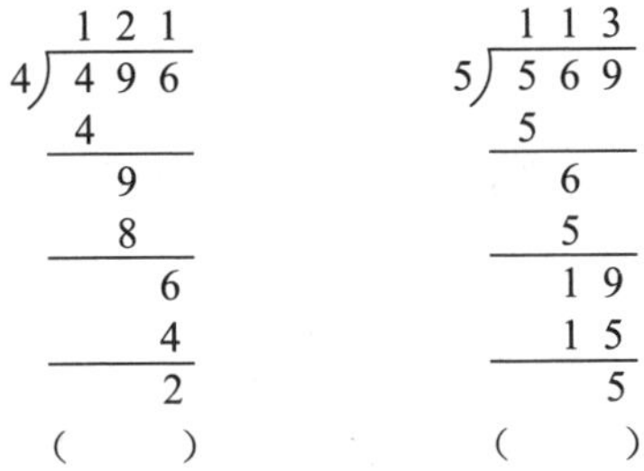

$$
\begin{array}{r}
121 \\
4\overline{)496} \\
4 \\
\hline
9 \\
8 \\
\hline
6 \\
4 \\
\hline
2 \\
\end{array}
\qquad
\begin{array}{r}
113 \\
5\overline{)569} \\
5 \\
\hline
6 \\
5 \\
\hline
19 \\
15 \\
\hline
5 \\
\end{array}
$$

（　　　）　　　　　　　（　　　）

图5-12　练习

课件出示正确答案。顺势引出4 628÷2的竖式。

提问：这个算式的商是几位数？

预设：4位数。

追问：为什么？

预设：最高位上是4，4个千除以2得2个千，千位上是2。

谈话：你能想象一下竖式是什么样子的吗？

预设：有四层……

总结：就像大家说的一样，这道题目的计算方法和我们做三位数除以一位数的方法完全一样，都是从最高位除起，每一位按照除、乘、减、落的顺序计算，就这样，再多的数位你们也会算了。

（2）兴华小学三年级448名学生去参观航模展，要排成两列队伍，平均每列多少人？

① 认真读题，弄清信息和问题。

② 独立思考，列式计算解决问题。

③ 全班交流，订正答案。

（二）变式练习

填空：

出示□52÷4

如果商是三位数，"□"里可以填（　　）。

预设：4、5、6、7、8、9。

追问：最小可以填（　　），这时商的百位是（　　）。

追问：如果填比4小的数，商是几位数？又该怎样计算呢？

在后面的学习中我们将会继续研究。

• 设计意图 •

针对性练习，巩固学生对三位数除以一位数笔算除法方法的理解与运用。参观航模展这个题目，培养学生综合运用所学知识解决实际问题的能力，感受数学的价值。整个练习设计层次清晰，循序渐进，帮助学生逐步提高运算能力和分析解决问题的能力。

五、全课总结、回顾整理

师：同学们，通过这节课的学习，你们有什么收获？

预设学生回答：

我知道三位数除以一位数的笔算方法。

我知道迁移的方法可以解决很多新问题。

数学很有用处,利用学习的知识可以解决生活中的许多问题。

…………

师:同学们的收获可真不少。

教师总结:这一单元,我们学习了两位数除以一位数、三位数除以一位数的计算方法,迁移类推,同学们还自己探究出了多位数除以一位数的计算方法。这两道题目又该怎样计算呢? 同学们今天总结出来的算理和方法会对以后学习提供很大的帮助。

让我们满载着收获下课吧!

•设计意图•

这一环节引领学生回顾本节课的内容,总结学习方法,积累数学活动经验,培养学生自我回顾、自我反思的能力。

【课后反思】

本节课是在两位数除以一位数的笔算基础上进行教学的,学生已经掌握了两位数除以一位数的笔算方法,所以在解决第一个问题的时候,直接放手让学生用上节课学习的方法来解决 $246 \div 2$ 等于多少。基于上节课的学习,大部分学生都能正确地计算出结果,并且对于 1 为什么写在百位上这样的算理能够解释清楚。

在计算百位有剩余和十位上的数合起来继续除的时候,学生能够模仿前一节课的学习算出来,但是个别学生对于算理说得不是很清楚,需要教师在这里强调:余下的一个百和 3 个十合成 13 个十。这是本节课的难点,要让学生充分理解算理而不是模仿练习。所以在这个环节,我让学生先在小组内说计算过程,然后全班交流的时候板贴"余下的 1 个百和 3 个十合成 13 个十""余下的 1 个十和 8 个一合成 18 个一",以加强学生对算理的认识和理解。

在解决有余数的除法问题的时候,学生基本都能根据实际情况正确作答,并且能对"进一法"和"去尾法"做出合理的解释。本课时的练习,基本上选取课后练习题,是为了最大限度地减轻学生的课后学业负担。课堂上,学生仿照例题做得很好,但是,根据被除数的首位判断商是几位数,因为初次学习,个别同学还是存在困难,到了三年级下册继续学习三位数除以一位数的时候需要继续加强理解。

在小组合作的过程中,要注意评价,从小组整体评价到每个人的评价都要关注到。本节课,我在教学中对学生个体评价做得不够,应该在学生自评、小组评的基础上再加上教师的评价。在进行总结的时候,我尽量地让学生说一说计算三位数除以一位数的方法,增强学生的语言表达能力和归纳总结能力,并加强知识之间的沟通和联系。

（本课例为 2021 年区公开课,图 5-13）

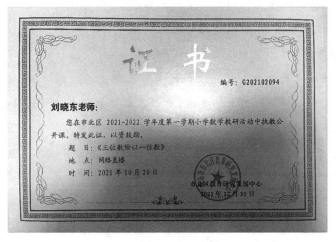

图 5-13　市北区公开课证书

第二节　经验交流

从教十五年来,笔者多次参加校级、区级经验交流,将本教学模式的开展进行区域推广,下面选取其中有代表性的经验交流进行介绍。

例1　从"有余数的除法"谈数学素养的培养

——"有余数的除法"课例分析

刘晓东

"有余数的除法"是在学生学习了乘除法的意义,会用乘法口诀求商的基础上进行教学的,也是学生学习多位数除法竖式和进一步应用除法解决问题的基础。

信息窗1创设了野营活动中四个小朋友分东西为情境。学生通过操作学具经历把平均分后有剩余的现象抽象为有余数除法的过程,理解余数和有余数除法的意义,结合具体情境通过对比算式理解余数和除数的关系,培养抽象概括能力和创新能力,积累基本数学活动经验,提高运算能力,从而提升学生的数学素养。

基于以上认识,我将本节课的教学目标设计为以下几点:

(1)结合具体情境理解余数和有余数除法的意义;会读写有余数的除法算式;知道余数和除数的关系,能利用有余数除法解决一些简单问题,提升发现问题、提出问题、解决问题的数学素养,提高运算能力。

(2)经历探索余数和有余数除法的意义的过程,在获取知识的过程中通过观察、操作、讨论、交流等数学活动,提升推理能力,形成数感,积累基本数

127

学活动经验等数学素养。

（3）在解决问题的过程中感受数学与生活的联系，体会数学的意义和作用，激发学习数学的兴趣，学会与人合作，学会倾听、敢于质疑，增强创新意识。

本节课的教学重点是掌握有余数除法的意义及计算方法，难点是理解余数比除数小的规律。

为了实现以上教学目标，有效突破这节课的重难点，切实提升学生的数学素养，在教学中我设计了这样五大环节：

第一个环节：创设情境，提出问题。

导课时，根据教材我创设野营的情境。学生观察情境图，找出数学信息。可能找到的数学信息是：有4个同学在分东西；有9个面包、10碗方便面、11瓶矿泉水、12根火腿肠、13个香蕉、14个橘子、15个苹果、18瓶酸奶。学生根据这些数学信息提出问题。我板书本节课需要重点解决的问题："9个面包，平均分给4个人，可以怎样分？""18瓶酸奶可以平均分给几个人？"这样使学生理解问题产生的合理性，从分东西的情境出发，有条理地观察事物、发现信息，提出有实际意义的数学问题，从而产生学习数学的兴趣和愿望。提高学生的观察能力、语言表达能力，提升发现问题、提出问题的数学素养。

第二个环节：解决问题，探究方法。

这一环节解决"9个面包，平均分给4个同学，怎样分？"和"其他食品怎样分？"这两个问题，通过解决这两个问题理解余数和有余数除法的意义。我通过如下方法突出重点，提升学生的数学素养。

（1）估一估。解决分面包问题的时候，我先让学生估一估每个同学能分到几个面包，目的是让学生学会合理、灵活地用多种方法考虑问题，培养估算的习惯，形成数感。

（2）摆一摆。在估算的基础上，让学生先用学具表示面包，自己动手摆一摆，然后和同桌说一说自己是怎样摆的。目的是让学生在摆一摆的过程中明白算理,通过同伴交流,深化对算理的认识:不管怎样分,每人都是分到2个,剩下1个。我引导学生明白实际上分掉了多少,还剩多少,为什么不能再分了。允许学生有不同的分法,但要关注学生的语言表达是否清楚准确。

(3)说一说。教师结合课件演示指出:"把9个面包平均分给4个人,每人分得2个,还余1个。"课件突出显示余下的一个面包,分面包的过程用算式表示为:9÷4＝2(个)……1(个)。板书算式及读法。然后让学生结合题目说一说算式的意义、商和余数的意义,加深认识,实现知识的内化。

(4)算一算。"其他食品怎样分?"我采用让学生自主列式的方式,使学生进一步理解有余数除法的意义,提高解决问题的能力,培养运算能力,提升数学素养。在巡视时关注学生的算式写得是否正确规范,提醒学生注意商和余数单位名称的变化。

第三个环节:沟通优化,促进发展。

这一环节通过解决"18瓶酸奶可以平均分给几人?"这个问题,让学生分析比较算式,发现余数比除数小的规律,突破本节课的难点。在之前估一估、摆一摆、笔算的基础上,这个环节让学生口算"分18瓶酸奶,如果每人分2瓶,你能用算式表示分法吗? 每人分3瓶呢? 每人分4瓶呢?"等等。

根据学生的回答板书算式:

18÷2＝9(人)

18÷3＝6(人)

18÷4＝4(人)……2(瓶)

18÷5＝3(人)……3(瓶)

18÷6＝3(人)

18÷7＝2(人)……4(瓶)

这样的设计使得计算的难度慢慢提升,在逐步提高难度的过程中提高学生的运算能力,提升数学素养。

在解决了这个问题之后,我通过课件出示本节课所学的有余数除法算式:

9÷4＝2（个）……1（个）

10÷4＝2（碗）……2（碗）

11÷4＝2（瓶）……3（瓶）

13÷4＝3（个）……1（个）

14÷4＝3（个）……2（个）

15÷4＝3（个）……3（个）

18÷4＝4（瓶）……2（瓶）

18÷4＝4（人）……2（瓶）

18÷5＝3（人）……3（瓶）

18÷7＝2（人）……4（瓶）

目的是使学生通过对比算式,观察余数和除数的大小关系,发现余数都比除数小的特点,并让学生结合其中任意一道算式说一说原因,发展学生的推理能力,进一步体会余数比除数小的道理,从而突破本节课的难点。

第四个环节:联系实际,灵活运用。

这一环节,我设计了三道练习题。

第一题:基础题。

(1) 14 朵花,每个花瓶里插（   ）朵,插了（   ）瓶,还剩（   ）朵。

14÷□＝□（瓶）……□（朵）

(2) 14 朵花,平均插在（   ）个花瓶里,每个花瓶插（   ）朵,还剩（   ）朵。

14÷□＝□（朵）……□（朵）

承接野营的情境,同学们采了很多野花,插在花瓶里,借助花瓶直观地理解有余数除法算式的写法及意义。这是一道基础性题目,可以使学生通过练习巩固本节课的重点。

第二题:解决问题。

有一些同学在玩跳绳,可是他们没带短绳,有一个同学想出一个好办法,把长绳剪成短绳:一根 11 米的长绳,可以剪成几根 2 米长的短绳? 还剩几米?

在解决问题的过程中培养运算能力和思维能力,使学生感受到数学和生活的密切联系,理解数学学习的意义。

第三题:拓展题。

(1) $\square \div 8 = \square \cdots\cdots$ ( )

( )最大能填几? 为什么?

(2) $\square \div ($ $) = \square \cdots\cdots 4$

( )里最小能填几?

(3) ＿＿＿＿ $\div 7 = 3 \cdots\cdots ($)

横线上可以填几?

提高难度,灵活运用余数比除数小的特点解决问题。第一小题和第二小题让学生通过自己思考、小组讨论的方式解决,一方面锻炼学生的独立思考能力,另一方面发挥小组学习的有效性。因为学生的学习能力不同,所以给出的答案可能不一样,但是通过小组的交流,就会发现( )里最大、最小分别能填几。第三小题是一道思维发散题,让不同层次的学生都得到提高。

第五个环节:回顾整理,总结提升。

在本节课学习的基础上,让学生尝试谈谈这节课的收获。这样使学生从小养成从多方面进行总结的习惯,培养学生的归纳能力和语言表达能力。

(2012 年区级教研活动经验交流,图 5-14)

图 5-14　四方区经验交流证书

例2　"三位数除以一位数"课例分析

——大单元全景集备模式下"三位数除以一位数"教学探讨

"两三位数除以一位数（一）"是青岛版小学数学三年级上册第五单元的内容。这个单元属于第二学段"数与代数"领域，主题是"数与运算"。这个单元共有3个信息窗：信息窗1的内容主要是整十、整百、几百几十除以一位数的口算，信息窗2是两位数除以一位数的笔算及验算，信息窗3是三位数除以一位数的笔算及验算。信息窗1的口算是学习笔算的基础，而笔算又从理解算理、掌握算法、提高运算能力的角度深化了对信息窗1知识的认识。

在单元整体教学设计基础上，基于前两个信息窗的学习，学生已经在操作学具的直观演示下掌握了整百数、几百几十除以一位数的口算方法，以及两位数除以一位数的笔算方法，明白了其中的算理。三位数除以一位数的笔算只是在信息窗2两位数除以一位数的基础上，被除数增加了一位，算法和算理完全一样。本节课教学时，帮助学生建立与已有知识经验的联系，逐步放手让学生独立解决问题，培养学生的推理意识、计算能力和应用意识等核心素养,建构自己的知识体系。在教学设计上,从以下三个方面提升学生的数学素养。

一、新旧衔接,在自主探究中发展推理意识

本节课,我让学生基于经验,自主尝试解决三个问题。

(一)解决第一个问题:246÷2

谈话:结合两位数除以一位数的计算方法,你会计算246÷2吗? 请大家看探究要求:

想一想:先算什么,再算什么,最后算什么?

写一写:把你的想法记录在学习单上。

说一说:和同伴交流你是怎样算的。

1. 学生自主探究解决

(1) 引导:请同学们在学习单上,利用前面我们学习的方法,独立思考,尝试解决。

(2) 学生独立计算,教师巡视。

2. 算法交流,分析比较

(1) 小组交流。

谈话:请同学们把自己的计算方法在小组内和其他同学交流一下。

(2) 全班交流。

交流笔算的方法。

小组展示笔算的方法。

预设:先用 2(个百)除以 2 得 1(个百),把 1 写在商的百位上,一二得二,2 减 2 正好分完;再用 4(个十)除以 2 得 2(个十),把 2 写在商的十位上,二二得四刚好分完;最后用 6(个一)除以 2 得 3(个一),把 3 写在个位上,二三得六,6 减 6 刚好分完。

在这个片段中,我让学生结合两位数除以一位数的计算方法,先独立思考,自主探究,然后交流算法。学生能够根据信息窗 2 计算 63÷3,推出笔算方法:先分 2 个百,再分 4 个十,最后分 6 个一。这样学生在理解了两位数除以一位数的算理基础上,推出三位数除以一位数怎样分,感悟知识的内在联系。

(二)解决第二个问题:438÷3

信息窗2学习32÷2的时候,学生已经掌握了十位除完了有剩余和个位合起来继续除的计算方法,所以这节课在计算438÷3的时候我是直接让学生自己尝试解决,教学片段如下:

解决"老鹰风筝一共能装多少盒?"的问题。

(1)独立思考,尝试解决。

我们继续解决下一个问题,请同学们先自己试着用竖式算一算,然后和同桌交流你的算法。

学生独立计算,同桌交流,教师巡视。

(2)全班交流。

谈话:哪对同桌愿意到黑板前说说你们的想法,并板书你们的计算过程?

预设:先用4(个百)除以3得1(个百),把1写在商的百位上,4(个百)减3(个百)是1(个百)。1(个百)与3(个十)合起来就是13(个十);13(个十)除以3得4(个十),把4写在商的十位上,13(个十)减12(个十)是1(个十),1个十与8个一合起来就是18个一;18个一除以3得6个一,把6写在商的个位上。(课件板书)

学生边汇报边板书。

$$
\begin{array}{r}
146 \\
3\overline{)438} \\
\underline{3} \\
13 \\
\underline{12} \\
18 \\
\underline{18} \\
0
\end{array}
$$

余下1个百和3个十合并成13个十。

余下1个十和8个一合并成18个一。

在这个片段中,引导学生说清楚百位上有剩余和十位合起来继续除,十位上有剩余和个位合起来继续除。同样,计算有余数的除法如752÷6,也是放手让学生自己解决再全班交流。

学生在自主探究的过程中,已有的知识和经验被充分唤醒,新旧知识的衔接点被触发,学生在有根据的推理中建构自己新的知识体系。

二、沟通联系,在分析比较中发展运算能力

学生根据信息窗2的学习能够正确计算三位数除以一位数的除法,有可能只是停留在模仿的层面上,要使学生真正建构起自己的知识网络,形成运算能力,就必须明白其中的算理,熟悉算法。所以在自主探究的基础上,多次帮助学生建立知识间的联系。

(一)沟通算理之间的联系

(1)每一数位上的数刚好除完。

教学片段如下:

总结:听了他们的介绍,我觉得他们的方法很清楚,道理很明白,你有什么问题想问他们吗?

预设:1为什么写在百位上?2为什么写在十位上?3为什么写在个位上?

预设:百位上是2,表示2个百,2个百除以2是1个百,所以在百位上写1。

十位上是4,表示4个十,4个十除以2是2个十,所以写在十位上。

…………

总结:就像我们学习两位数除以一位数的时候一样,除到哪一位,商就写在哪一位的上面。

在这个片段中,我让学生通过互问互答的方式充分理解计算的道理,沟通两位数除以一位数和三位数除以一位数算理上的联系:都是从最高位开始除起,除到哪一位,商就写在哪一位的上面。

(2)前一位除完了有剩余。

教学片段如下:

$$
\begin{array}{r}
146 \\
3\overline{)438} \\
3 \\
\hline
13 \\
12 \\
\hline
18 \\
18 \\
\hline
0
\end{array}
$$

余下1个百和3个十合并成13个十。

余下1个十和8个一合并成18个一。

谈话：你们还有什么问题吗？

预设：1为什么写在百位上？4个百除以3得1个百，在百位上写1。

谈话：同学们看，这里还有一个1，这个1是怎么得到的？

总结：百位上的4除以3并没有除完，还余下1个百。

谈话：这个13表示什么？

预设：余下的1个百和3个十合并成13个十。

总结：这1个百除以3不能得整数商，就化成10个十与3个十合成13个十。百位除完了有剩余和下一数位合起来继续除，这种情况在信息窗2也用过了。同学们看一看，这个竖式中还有这种情况吗？

预设：18，是十位上余下的1个十和个位上的8合成18个一。

在这个片段中，通过提问"这个1是怎么得到的？""这个13表示什么？"沟通信息窗2的知识——十位上有剩余和个位上的数合起来继续除，使得学生理解算法的合理性。

（二）沟通算法之间的联系

为了帮助学生沟通算法之间的联系，教学片段设计如下：

谈话：下面，我们跟随电脑一起来梳理一下246÷2的计算过程。

246÷2表示把246平均分成2份，我们先分2个百，再分4个十，最后分6个一，也就是用百、十、个位上的数依次除以除数2。百位上的2去除以2的时候，第一步口诀求商，2除以2得1；然后商与除数相乘；百位上的数分完了没有？我们减一减，算一算：2减2等于0，刚好分完。这样，我们通过除、乘、减三步运算把百位上的数分完了。分完百位继续分十位，把十位上的4落下来，还是要先除，口诀求商，4除以2等于2，在十位上写2，然后商与除数相乘,再减一减看十位分完了没有? 4 减 4 等于 0,现在十位上的 4 个十也分完了,再分个位上的 6 个一。

谈话:我们一起回顾一下学习两、三位数除以一位数的笔算过程。首先我们学习了两位数除以一位数,商是两位数的情况,今天我们又学习了三位数除以一位数,商是三位数的笔算。比较一下,本节课学习的笔算除法与上一节课学习的笔算除法有什么相同点与不同点?

根据学生回答总结相同点:都要从高位除起,先分几个百,再分几个十,最后分几个一。每一数位上的数与除数相除时,按照除、乘、减、落的步骤把分的过程在竖式中依次表示出来。

总结不同点:同学们发现了三位数除以一位数的竖式很长,这一层分的是百位上的数,这一层分的是十位上的数,这一层分的是个位上的数,一共有几层呢? 有三层。这个呢? 有两层。也就是分了几次,竖式就有几层。

在这个片段中,首先带领学生一起梳理三位数除以一位数的计算方法,然后与两位数除以一位数的计算方法进行比较。基于上一节课对"除、乘、减、落"的计算过步骤的总结,学生对除法竖式的算法有了清楚的认识,从而自主总结出:从最高位开始除起,按照除、乘、减、落的步骤把分的过程在竖式中依次表示出来。

在本节课提出的三个问题都解决之后,又进行了方法的总结梳理。

计算方法的梳理教学片段:

谈话:想一想,三位数除以一位数,我们是怎么样计算的? 把你的想法说给你的同桌听一听。

学生同桌交流。

提问:谁能来说一说怎样计算三位数除以一位数?

根据学生的回答,出示:

(1)从被除数的最高位除起。

(2)每一次除按照除、乘、减、落的顺序进行计算。

(3)除到被除数的哪一位就把商写在哪一位上面。

（4）余数要比除数小。

小结：同学们总结的这些就是两、三位数除以一位数的笔算方法。

在练习的环节，呈现四位数除以一位数 4 628÷2 的竖式，让学生说一说商是几位数，想象一下竖式的样子，将三位数除以一位数的方法迁移过来。在单元总结的时候出示后面要学习的除法类型，提醒学生今天总结出来的方法对以后的学习将有很大帮助，为后续学习埋下伏笔。这样学生在本单元的学习之后，就总结出了除法笔算的基本方法：从被除数的最高位除起；每一次除按照除、乘、减、落的顺序进行计算；除到被除数的哪一位就把商写在哪一位上面；余数要比除数小。

（三）沟通方法之间的联系

经过信息窗 2 的学习，学生已经掌握了除法验算的方法，所以在这节课上直接让学生用上节课学习的验算方法验证自己的计算是否正确，在沟通联系中熟练掌握除法的验算方法。

从这三个方面的多次沟通，学生能够根据运算法则进行正确计算和验算，理解算法和算理之间的关系，达到提升运算能力的目的。

三、回归生活，在解决问题中发展应用意识

《义务教育数学课程标准（2022 年版）》在核心素养的表现及内涵中指出"应用意识主要是指有意识地利用数学的概念、原理和方法解释现实世界中的现象与规律，解决现实世界中的问题"，在教学建议中指出"注重创设真实情境"。本节课延续本单元走进风筝加工厂的情境，创设风筝厂对加工好的风筝进行包装的情境，通过观察情境图中的数学信息，引导学生提出三个有价值的数学问题。

提问环节的教学片段如下：

1. 谈话导入

谈话：同学们，这一单元，我们在信息窗 1 学习了整十、整百数和几百几十除以一位数的口算。在信息窗 2 我们又学习了两位数除以一位数的笔算，今天我们继续走进风筝加工厂,来看看还会有哪些新的收获。

　　2. 根据信息,提出问题

　　(课件出示:信息窗3情境图)

　　提问:从图中你发现了哪些数学信息? 引导学生找出信息:

　　246 只燕子风筝,每盒装 2 只。

　　438 只老鹰风筝,每盒装 3 只。

　　752 只孔雀风筝,每盒装 6 只。

　　根据信息,你能提出什么数学问题? 引导提出问题:

　　燕子风筝一共能装多少盒?

　　老鹰风筝一共能装多少盒?

　　孔雀风筝一共能装多少盒?

　　板书问题。

　　3. 解决第一个问题,自主探索方法

　　提问:246 只燕子风筝,每盒装 2 只,燕子风筝一共能装多少盒,应该怎样列式? 鹰风筝一共能装多少盒,怎样列式? 孔雀风筝一共能装多少盒呢?

　　预设:$246 \div 2$　　　　$438 \div 3$　　　$752 \div 6$(板书)

　　追问:同学们用了3个除法算式来计算这3道题目,谁能来说一说,为什么你们都用除法计算?

　　预设:要求能装多少盒,就是要求几里面有几个几,用除法计算。

　　小结:是的,求一个数里边有几个几用除法计算。

在这一片段中,通过提问学生你们为什么都用除法来计算?通过引导学生思考将各种风筝分别能装多少箱的问题提炼成求几里面有几个几的数学模型,培养学生的应用意识。

本节课的最后一个问题:孔雀风筝一共能装多少盒?

这是真实生活情境中的问题,学生需要在计算的基础上,联系生活实际,选择用"进一法"还是"去尾法"作答。

教学片段如下:

提问:横式的结果应该怎么写?需要注意什么?

预设:125(盒)……2(只);注意不要忘记写余数。

提问:谁能口答一下?

预设:答:孔雀风筝能装125盒。

追问:这里为什么是125盒?

小结:在解决问题时,我们要根据实际情况决定是进一还是去尾,选择合适的答案。

本节课在单元整体设计基础上,沟通知识的前后联系,设置自主探究活动,让学生运用迁移的学习方法,主动建构自己的知识体系。从信息窗1、2的直观教学、以扶为主,到本课时的扶放结合、以放为主,在探究、反思、合作、交流的学习方式中发展学生的推理意识,提升运算能力,培养应用能力。

(2022年区级教研活动经验交流,图5-15)

图5-15　市北区2022—2023学年度第一学期小学数学教研活动经验交流证书

例3　小学数学三点一线·五维一体：学教融合教学模式的发展与提炼

——"教""研"相长，做研究型教师

尊敬的各位领导、老师：

下午好，我是青岛湖岛小学的数学教师刘晓东。作为我区一线数学教师的代表发言，我倍感荣幸。我这次申报的教学模式带有浓厚的"草根色彩"，是扎根市北区教育实践大地，充满田野气息的成果。下面我将结合此教学模式的产生、发展与提炼向各位领导、老师汇报我个人的教科研成长之路。我的汇报分为以下几个部分：

一、扎根一线，聚焦课堂现实问题

一线教师做教科研，就是要解决课堂教学中的现实问题，通过对问题的研究来改善自身的教育实践行为。十多年前，我校的外来务工人员子女较多，最多的时候占全体学生人数的 76.6%，当时的数学课堂教学面临的主要问题是：

（一）校情、学情导致学生自主学习能力不强

学生数学学习基础差，成绩两极分化比较严重。学生缺乏主动学习意识，课堂上不敢回答问题，缺乏这个年龄段孩子应有的活力与童真。单一讲授式教学方式长期占据课堂，师生之间、生生之间缺乏有效、有针对性的互动交流。

（二）学生学业负担过重

学生的课堂练习和课后作业缺乏科学有效的设计，大量重复性练习增加了学生的课业负担。形成了课堂教学内容掌握不扎实，利用大量课后作业补的恶性循环，造成了学生学业负担重、成绩差的状况。

（三）新手教师专业成长较慢，教学适应性不强

学校新手教师较多，教学实践经验不足，对教材把握不准；学校的教研活动效率不高，没有抓手，只是为了留下教研活动的痕迹，缺乏时效性，流于

形式。在一次听课活动中,有一位一年级的教师在讲 10 以内的连加连减运算方法时候,用到了三年级才学习的递等式的形式。我当时从教刚刚三年,和很多新手教师一样,课堂上经常出现这种随意拔高或者讲授深度不够的情况。

基于上述背景,以转变教学方式和学习方式为手段,以提高课堂教学质量、减轻学生学业负担、促进师生共同发展为目标的课堂教学变革势在必行。这也是让外来务工人员子女享受教育公平,促进义务教育优质均衡发展的必然之路。

二、专家引领,选择科学研究方法

专家引领。作为一名一线教师,我们看问题会存在一些局限性,或者不够全面,或者深度不够等等,找不到问题的本质就难以找到解决问题的方法,所以,在日常的教学和研究中,离不开专家引领。在进行课题研究和成果转化提炼的十一年时间里,我多次接受高校专家、教研员的当面指导。我参加了三个区级名师工作室,九年的时间里,三位名师工作室主持人给予我教学能力和教研能力的双重指导。读教育名著,也是和专家对话的方式,平时我会阅读教育学类、学科教学类、跨学科类专著,养成遇到问题查文献的习惯,从不同的方面,积累自己的理论经验。除此之外,我关注了很多教育类的公众号,经常参加教育专家的线上讲座与培训。专家们的指导,直面问题,让我迅速成长,不断地改进自己的研究,不断地将实践与理论结合。

课题导向。我把教学中遇到的这些问题转化为研究课题,申报了区级草根课题并成功结题,参与了学校主持的青岛市教学科学规划重点课题,随着教学研究的深入,我又申报主持了青岛市教学科学规划教师专项课题并成功结题。在课题研究的过程中,我学会了用科学的研究方法解决教学中遇到的问题,并在结题的过程中将教学中的经验做法总结提升,上升到理论的高度。

行动研究。"教育是科学,其价值在于求真。"要解决问题,必须用科学的研究方法。本教学模式源自实践，通过落实国家、省、市、区教改要求与解决教学实际问题相结合的行动研究，不断生成，逐步推进，螺旋上升。一共经历了这样的三个阶段：

（1）"三点梳理，先学后教"教学改革实践探索阶段（2011—2015年）。

（2）"三点梳理，学教融合"教学改革深入阶段（2015—2019年）。

（3）"三点一线·五维一体"教学改革完善阶段（2019年至今）。

在三轮行动研究中，不断根据出现的问题及时调整和完善。在第一阶段我主要模仿和借鉴蔡林森的"先学后教，当堂训练"教学模式以及邱学华的"尝试教学法"，但是在教学实践中发现，完全照搬别人的教学法并不能解决自己的课堂教学问题，并不是所有的学生都能到达"先学"和"尝试"的应有效果，本来就没有学习信心的学生的学习积极性更受挫了。所以我及时调整策略，不再刻意追求学与教的先后顺序，而是当学生出现问题的时候及时出手相助，适当地扶一把，学教融合，帮助学生顺利地完成自身知识体系的建构。2021年，"双减"政策落地，2022年《义务教育数学课程标准》发布。对照课标要求，我们又调整了其中的一些环节。例如预学单，原来的要求是回家做，家长参与评价，现在改为利用课后服务的时间做。这样，教师能够第一时间发现学生的问题，给予针对性的辅导，将因材施教、提优扶困落到实处。

三、团队协作，教研相长破解难题

"独学而无友，则孤陋而寡闻。""一个人可以走得很快，一群人才能走得更远。"今天这个教学模式，不仅仅是属于我个人的，更是属于湖岛小学的每一位参与研究的数学老师的。十一年来，学校为我们的课题研究创造了多种有利的条件，多次邀请高校专家进校指导，邀请教研员为我们听评课，邀请科研专家进校指导课题研究，搭建校园学术节、学校教学能手评选、优秀教研团队评选这样的平台给我们展示、切磋、交流的机会。在学校浓厚的教研氛围影响下，我们参与研究的教师一边在课堂上展开本教学模式的应用，一边研究解决问题的方法，边研究边实践边改进。

四、反思提升,总结策略提炼成果

从问题到课题,从课题到教学法,我们一直在重复"实践—反思—实践"的过程。在尝试解决一个问题之后,就反思:是否达到了预期的目标?达到的程度如何?哪些方面有所改进?哪些方面的情况更不好了?为什么没有达到?产生了什么新问题?……然后在后面的实践中有计划地针对这些问题进行探索,寻找解决问题的最优办法。整个研究过程,既是一个不断循环往复的研讨过程,也是一个周而复始的教学行为改善过程。

课题研究的过程主要采取行动研究的方法,最后的总结成果提炼方法主要采用教育经验总结法,及时地将具有重要价值的教育经验筛选出来。由于研究过程中我们选用了科学的研究方法,遵循了严谨的研究程序和规范,经过了时间和实践的双重检验,所以总结出来的教学模式科学性更高,生命力更强,更容易被同行认可。我们也将本教学模式从点到面由最初解决特殊的教学场域的特殊问题推广到一般的小数数学教学场域,具有可复制、可推广性。在提炼教学模式的过程中,专家给了我们很多宝贵的建议,让我们把教育理论和教学实践更好地结合,促进了自身的专业发展。

最后,我认为不论教学还是研究,"热爱"都是让我们坚持下去的动力。每一间平凡的教室,每一节朴实的课堂,都不仅仅是知识的传递,更是每一个学生人生梦想的起航。所以,我们一线教师的教学与研究与国家的命运、学生的前途紧密连接在一起。我们要把热爱化为自己的教育行为,让热爱充盈课堂,触摸到一个个灵动的生命,让爱产生智慧,让爱与智慧在学生心中留下岁月抹不去的美好回忆,让教师和学生都感受到教育的温度和幸福,这就是时代赋予我们一线教师的神圣使命。

我的报告到此结束,敬请各位领导老师批评指正。

(2022 年市北区第二届学术节主题经验交流,图 5-16)

图 5-16　市北区第二届学术节主题经验交流证书

例4　小学数学"三点一线·五维一体"学教融合教学模式的实践与应用

——以"长方形和正方形的认识"为例

尊敬的各位领导、老师:

大家下午好! 很荣幸有这个机会和大家一起分享小学数学"三点一线·五维一体"学教融合教学模式的实践与应用。下面我将从教学模式的内涵、实践与应用、反思与展望三个方面进行汇报:

一、"三点一线·五维一体"学教融合教学模式的内涵

小学数学"三点一线·五维一体"学教融合教学模式,架构如图 5-17 所示。注重学生数学核心素养的发展,实施过程分为三大步五维度。

一是教学前的教研和备课过程,教研的时候研读课程标准,建构教材知识框架,在大单元整体设计的基础上,进行课时教材分析。集备的时候分析、梳理出每课时的新旧衔接点、自主探究点和链接拓展点;个备的时候根据师情、学情进行教学设计,设计"预学单",以"预学单"为载体了解学生的学情。

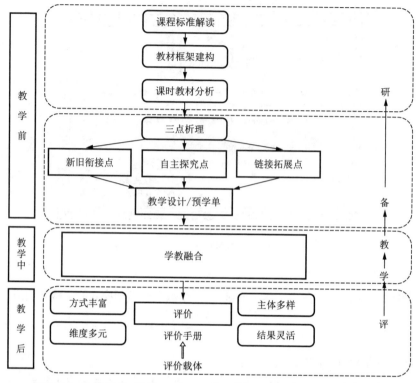

图 5-17　小学数学"三点一线·五维一体"学教融合教学模式流程图

二是教学中采用"三点一线，学教融合"教学模式，教学流程如图 5-18 所示。

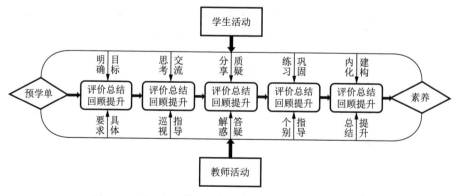

图 5-18　"三点一线，学教融合"课堂教学模式流程图

　　三是教学过程中和教学后对学生和整个教学过程进行评价,以评价手册为载体,根据课程标准的要求,实施丰富的评价方式、多元的评价维度、多样的评价主体和灵活的评价结果。通过评价学生的学习来逆向反馈教、备、研的问题。

　　这三大步五维度形成了"三点析理,整体设计"教研集备新范式、"三点一线·学教融合"教学新模式、"五维一体,多元评价"评价新机制这一环环相扣的整体。

　　二、本教学模式在实践中的应用(以长方形和正方形的认识为例)

　　(一)"三点析理,整体设计"教研集备

　　上课之前,我们在教研组范围内进行了"三点析理,整体设计"的跨年级、跨单元教研集备。首先解读课程标准,对第一学段"图形的认识与测量"的学段目标、内容要求、学业要求、教学提示进行解读。然后进行教材结构化分析,通读青岛版小学数学教材,找到与本单元教学内容相关的单元,并熟悉每一单元的教学要求,明确学生的已有经验,确定本节课的学习可以为后继学习提供什么样的支持。最后,分析教材,确定本节课的新旧衔接点:长方形、正方形特征的初步感知;自主探究点:探究长方形、正方形的特征;链接拓展点:数学文化"方出于矩",渗透周长、面积的相关内容。

　　不难看出,我们在课前进行的基于"三点析理,整体设计"的教研集备,与市北区正在实施的大单元全景集备有相通之处,两者在实施的过程中并不冲突。本教学模式的教研集备模式是大单元全景集备的一部分,转向大单元全景集备是本教学模式后期在集备方面的一个发展方向。

　　(二)本教学模式的实施

　　本节课,按照教学模式的基本流程设计如下:

　　1. 前置活动——预学单

　　本节课的前置活动,让学生在点子图上画出学过的图形,上课伊始展示学生的作品。这是结合二年级学生的年龄特点设置的前置活动,通过画学过的图形,学生对已经初步掌握的平面图形的特征进行回顾,教师通过每个学生的作品掌握学情。

2. 探究活动

第一个环节:出示学习、合作目标。

出示情境图,师生互动明确要做长方形的保护牌之后。教师说:"要想做好这样的长方形的牌子可真不容易,需要我们对它的特点做进一步的研究。"在学生谈到了边和角的个别特征的时候教师引导:"我们一起从边和角的数量和特点上探究一下吧。"出示探究单(表5-5),呈现探究目标:从边和角两个方面探究长方形的特征。明确探究要求:"借助手中的长方形纸片先独自想一想长方形有什么特征,然后动手来试一试,看看自己的想法对不对,最后在小组中交流一下自己的想法和做法。"

表5-5　探究单

		数　量	特　征
长方形	边		
	角		
正方形	边		
	角		

从边和角两个方面探究长方形和正方形的特征,也为后继学习探究其他平面图形、立体图形的特征提供经验基础。例如,四年级下册多边形的认识中也是从边和角两个方面进行研究,五年级下册探究长方体和正方体的特征从面、棱、顶点三个方面进行研究。

第二个环节:自主学习、合作探究。

学生先自己利用手中的长方形学具通过观察、操作、分析、比较等方法探究新知，初步建构自己的知识体系，然后和小组的同学交流自己的想法。

第三个环节：全班交流，反馈答疑。

本节课，在小组交流之后，教师选取一个小组进行全班交流，让学生明确使用的方法和探究出来的特征，并组织学生进行互评、补充，对学生的交流进行及时评价。

在交流长方形的特征的时候，选取了不同的长方形，都发现对边相等的特征，教师说："虽然我们所用的长方形的纸片大小不一样，可它们都是上下两条边一样长，左右两条边一样长，都有这个特点。"教师的适时总结，也为学生五年级探究长方体的特征打下基础。虽然学习长方体所用的学具不一样，但是在长方体的每个面上都可以得到相同的结论。

在探究正方形四条边是否都相等的时候，追问："有没有同学是用折一折的方法发现了正方形四条边都相等？"学生先把正方形对折说明对边相等，然后再沿着对角线对折发现相邻的边相等，这就说明了四条边都相等。在这里，学生的推理能力得到提升，初步体会等式的传递性。这个方法，在探究长方体特征的时候还会用到。

在教了正方体的边长的概念之后，教师提问："如果给你一条5厘米的边，你能想象出正方形的样子吗？"追问："要想围成这个正方形需要多少厘米的线段？"在这里初步渗透周长的内容。又问："用一条5厘米的边能不能想象出长方形的样子？"通过师生互动明确确定长方形的样子需要长和宽两条边才行。这样到了三年级学习长方形周长和面积的时候，学生自然而然就知道长和宽确定了，周长和面积就确定了。五年级学生学习长方体正方体的特征的时候，通过知识迁移，很容易得到：确定正方体只需要知道棱长，而确定长方体需要知道长、宽、高。

这样的教学设计，体现了数学学习的连贯性，今天的新知是后继学习的经验。

第四个环节：分层练习，当堂检测。

分层练习,当堂检测这一环节具有灵活性,对于不同课型和学段,教师根据教学目标设计练习。本节课,教师根据低年级学生的特点,设计了三个极具趣味性和生活性的数学小游戏,由易到难,让学生在数学游戏中加深对长方形正方形特征的认识,发展空间观念。特别是图形赛跑的游戏这一变式练习,让学生根据图形的脚印来确定图形,既考查了学生对图形的特征是否掌握,又让学生直观感受周长,并且初步渗透了新课程标准下的尺规作图的内容。学生经历用直尺和圆规将三角形的三条边画到一条直线上的过程,直观感受三角形的周长。

第五个环节:评价总结,回顾提升。

教师让学生先自己想一想,通过这节课的学习有什么收获,然后和小组的同学一起交流一下自己的收获,最后全班交流。学生在全班交流学习收获的时候,教师及时评价总结:"你学会了新知识,你掌握了好方法,你知道了它们之间的关系。"引导学生在今后的学习中学会自己概括总结。

整堂课学和教融合共生,在师生互动、生生互动中落实教学目标,提升学生数学素养。

(三)"五维一体,多元评价"

对学生的评价。我们看到,本节课既有教师对全体学生的评价,对小组的评价,对学生个人的评价,评价的内容涉及学习的态度、知识的掌握以及方法的提炼等,还有学生之间的评价:"你认为这个小组的同学汇报的怎么样?"二年级的学生虽然对同伴的评价难以做到准确和全面,但也需要从低年级开始培养生生互评的意识。随着学生年级的升高,我们在日常教学过程中实施星级评价,多元多维全方位评价学生的学习过程。

对整个教学过程的评价。在新授课之后我们还设计了练习课,来评价学生是否达到教学目标的要求。一旦发现问题,就是学习的过程中存在问题,学的问题指向教的问题,教的问题指向备课和教研的问题。这样倒推寻找问题,以评促教,以评促备,以评促研,切实提高集备水平、教研水平和课堂教学水平。

三、"三点一线·五维一体"学教融合教学模式的反思与展望

（一）小学数学"三点一线·五维一体"学教融合教学模式的反思

在不断总结取得经验的同时我们也在持续反思，以期未来更好地服务于学校、教师和学生的发展。

首先，"三点"是动态的。教材结构中的新旧衔接点是固定的，而学生个体经验中的新旧衔接点是动态的，在固定点左右变动。这个动态的点是每个学生学习的起点，所以课堂教学过程中的自主探究点也是动态的，同样的探究目标对于不同起点的学生就有不同的自主探究点。要使得不同起点的学生达成同样的探究目标就需要教师因材施教，个别指导，关注每一名学生；在自主探究活动的时候，教师要根据每一名学生的起点给予"提优扶困"，帮助学生找准知识的生长点，达到学习目标。

其次，动态调整，不断改进。本教学模式的提出、发展、完善和提炼不是一蹴而就的。在十二年的行动研究中，校情、学情、师情发生了重大变化，在不改变本教学模式总体结构的前提下，对个别环节进行了相应的调整，边应用边改进，以适应新的教育要求，适合学校、学生、教师的新变化。

（二）小学数学"三点一线·五维一体"学教融合教学模式的展望

小学数学"三点一线·五维一体"学教融合教学模式的未来发展应该更加注重全面性、整体性和思想性。

（1）拓宽研究范围，由点到面提炼全课型教学流程。

（2）单元整体设计，由重课时备课转向重单元备课。

（3）坚持立德树人，将优秀传统文化融入数学教学。

小学数学"三点一线·五维一体"学教融合教学模式，回答了小学数学教学从哪里来（新旧衔接，找准学生课堂生长点）、到哪里去（链接拓展，落实数学核心素养）、怎样去（自主探究，学教融合）这三个数学教学的重要问题。在今后的研究中，我们还将不断地反思，在实践中总结经验，不断学习，不断改善教学行为，打造减负提质的高水平课堂，不断促进学生素养提升和教师专业发展。

我的汇报到此结束,敬请各位专家、老师批评指正。

(本文是在市北区小学数学优秀教学法推介现场会上的发言,图 5-19)

图 5-19　市北区 2022—2023 学年度第二学期小学数学教研活动经验交流证书

第三节 课题研究

从研究本教学模式开始,笔者参与了多项课题研究。下面分别介绍青岛市教育科学"十三五"规划2018年度教师专项课题和市北区教育科学规划2023年度专项课题。

例1 青岛市教育科学"十三五"规划2018年度教师专项课题

"三点梳理,先学后教"数学教学策略研究
结题总报告

课 题 编 号:QJK135D591

课题主持人:刘晓东

工 作 单 位:青岛湖岛小学

职　　　称:中小学一级教师

课题组成员:于倩、于海涛、田景霞、刘艳

【摘　要】

在小学数学教学过程中,"新旧结合点"是指新学习的内容与学生已经掌握的知识、经验等相关联的点;"自主探究点"是指学生课堂上通过自己思考、小组探究、合作交流可以学会的学习内容;链接拓展点是指数学知识在生活中的应用点、数学知识的进一步拓展点,以及数学文化、数学历史在课堂中的渗透点;"先学后教"是指教师出示学习目标,学生通过自主探究对知识有自己的理解,然后小组合作探究知识,最后教师进行总结并进行当堂检测,反馈课堂教学效果。

一、研究问题

（一）研究目的

1. 解决工作中遇到的现实问题

在日常课堂教学工作中，我发现：大部分新市民子女学生自主学习能力不强；学生不愿意、不会进行小组合作学习；班级课堂教学的评价体系不完善，评价方式比较单一，大部分还停留在教师口头表扬学生的层面上；生生之间、小组之间、家校之间的评价很少，学校很多用于学生评价的资源没有被充分利用。作为一名科班出身的数学老师，虽然自己有一定的教育理论基础和一腔教育热情，但是从教以来，由于学校生源比较复杂和自身教学实践能力欠佳，我发现自己在课堂教学存在以下主要问题：课堂教学形式单一，教师仍旧是主动者，学生基本上是扮演从动者角色，从而使课堂活动质量不高；学生数学成绩较差。学生大多是外来务工人员子女，学习习惯和学习基础有一定欠缺，学生的学习大部分靠学校教育；学生缺乏主动学习意识，大多数学生仍是习惯等着教师教，顺着教师给出的思路进行思考，课堂上失去了自主探究的机会；评价机制形式单一、方法简单，教师评价语言单调，评价起不到激励的作用。要改变以上种种现状，就要从教学方式的改变入手，教师首先要准确把握教材，其次要教给学生科学的学习方法和自学方法。因此我确定了"三点梳理，先学后教"教学策略研究这一课题。

2. 提高学生数学核心素养，落实课程标准的要求

2013 年，我国启动了核心素养项目研究。2014 年教育部印发《关于全面深化课程改革　落实立德树人根本任务的意见》，提出各学段需要发展核心素养体系，把核心素养和学业质量要求落实到各学科教学中。2016 年《中国学生发展核心素养》研究成果正式发布，框架文本指出学生应具备的，能够适应终身发展和社会发展需要的必备品格和关键能力。2017 年教育部印发《普通高中课程方案和学科课程标准(2017 年版)》。此次新课程标准指出中国学生发展核心素养是党的教育方针的具体化、细化，要建立核心素养与课程教学的内在联系，充分挖掘数学学科课程教学的独特育人价值。本课

题的研究,基于核心素养背景之下,通过教师素养的提升来促进课堂教学方式的转变,从而提高学生数学核心素养。《义务教育数学课程标准(2011年版)》指出:教师教学应该以学生的认知发展水平和已有的经验为基础,面向全体学生,注重启发式和因材施教。教师要发挥主导作用,处理好讲授与学生自主学习的关系,引导学生独立思考、主动探索、合作交流,使学生理解和掌握基本的数学知识与技能、体会和运用数学思想与方法,获得基本的数学活动经验。培养学生的自主学习能力,是落实课程标准的基本要求。

(二) 研究意义

1. 提高课堂教学质量,减轻学生学业负担

通过"三点梳理,先学后教"教学策略研究,引导教师通过研读教材,准确地把握教材重难点,转变教师教学理念,改变传统课堂模式,提高教师的备课、课堂教学、评价学生的能力,进而提升教师专业素养,使教师对教材的分析更透彻,教学思路更清晰,对知识点的把握更准,提高课堂教学的实效性,形成自己的教学风格。通过"三点梳理,先学后教"教学策略研究,让学生经历"自我回顾、自主预习、尝试探索、合作交流"的学习过程,提升综合能力。并通过精讲精炼,减轻学生课业负担,提高数学课堂教学质量。当堂检测,堂堂清,日日清,不把疑惑留到第二天。学生做家庭作业就是巩固和强化的过程,不会把辅导作业的任务转移给家长,减轻学生学习压力的同时减轻家长的压力。

2. 促进学生自主学习能力的培养

通过"出示学习目标、学生自主学习、合作探究、反馈答疑、当堂检测"等五环节,让学生经历知识自主建构的过程,提高自主合作学习能力。形成适合学生学情的小组合作学习具体办法,充分发挥学生的主体作用,贯彻新课程标准的基本理念。《中国教育现代化2035》提出推进教育现代化的理念之一是更加注重终身学习。小学阶段学生的学习要培养学生良好的学习习惯和对学习的浓厚兴趣,同时要掌握一定的学习方法。本课题研究中学生自主学习能力的培养就是基于学生终身学习的理念,从小学阶段开始学会独

立思考、小组合作和交流质疑。

3. 促进教师专业发展

教师专业发展是教师个体专业不断发展的历程,是教师不断接受新知识,增长专业能力的过程。教师要成为一个成熟的专业人员,需要通过不断的学习与探究历程来拓宽其专业内涵,提高专业水平,从而达到专业成熟的境界。作为小学教师,我们能够接触到课题研究的机会不算多,本研究进行的两年的时间里,课题组成员经历了一次课题研究的全过程体验,对课题研究有了更深入的认识,为后续个人的成长和团队的进步积累了经验,是一次专业发展的飞跃。

(三)研究假设

假设在备课的过程中,教师通过研读教材,梳理出每节课的新旧结合点、自主探究点和链接拓展点,并在课堂教学中实施"先学后教"教学策略,课堂教学的质量会提高,学生的学业负担会减轻。

(四)核心概念

"三点梳理,先学后教"是指教师在备课的时候厘清所教内容的新旧结合点、自主探究点、链接拓展点,从而引导学生在课堂学习的过程中通过自主学习、合作探究的方式获得新知,教师在教学过程中适时地引导和总结的教学方法。

二、本课题相关内容国内外研究现状

(一)相关文献概况

通过检索中国知网收录的文献,以"新旧结合"和"小学数学"为主题进行搜索,没有相关的记录,说明目前相关的研究极少关注教师的备课新旧知识的衔接。以"自主探究""小学数学"为主题进行检索,最近5年共有5 693条记录,以2017年、2016年和2015年的研究成果最为集中,主要原因是这三年是翻转课堂、微课在小学数学教学中出现并繁荣的时期。以"生活化""小学数学"为主题进行检索,总共有4 411条记录,并且大部分集中在最近5年,说明对于小学数学教学要贴近学生生活实际、回归生活的研究在最近几年刚刚引起业内重视。以"先学后教""数学"为主题进行搜索，最近5年共有488条记录，大部分是围绕"先学后教，以学定教"和"先学后教，当堂训练"为模式展开的研究。

（二）研究内容分析

（1）以学生为主体的自主学习方式成为小学数学教学方法的主流，构建学生自主探究式学习课堂模式得到各方的肯定。小学数学自主探究式教学的前提是从学生已有的知识和经验出发，在具体的情境中把实际问题抽象成数学模型并解答，学生在此过程中加深对数学的了解，积累基本的数学活动经验。以学生为主体的自主探究学习模式既突出学生的主体性，同时强调师生互动、生生互动以及评价在学生学习中的重要的作用。自主学习作为一种新的学习方式，已被越来越多的教师应用于教学之中。小学数学自主学习课堂中，教师不会把现成的结论告诉学生，而是在教师的指导下，学生用类似科学研究的方式去发现问题、探究问题、获得结论的过程。

（2）小学数学的应用价值、学生解决问题的能力得到重视。美国多次数学教育改革均强调解决问题能力在数学教育中的重要地位，重视数学实践和应用。温特贝尔特大学认知与技术小组（CTGV），开发了"贾斯珀问题解决系列"（Jasper Solving Series）课程。该系列包括用录像、影碟及软件方式呈现给学生的12个历险故事。这些历险故事主要是以发现和解决一些数学中的问题为核心。每一个历险故事都是按美国国家数学教师委员会（NCTM）推荐的标准来设计的，而且，每一个历险故事都为数学问题的解决、推理、交流以及与其他领域如科学、社会学、文化与历史等的互动提供了多种机会。数学思想是人类思想与智慧的重要组成部分。数学课程中充盈着辩证统一、思维流畅、逻辑严谨、结构完整及客观诚实、追求完美的思想品质，也蕴涵着热爱真理、热爱祖国的道德情愫。应引导学生通过浏览数学史、讲述数学故事、求解数学迷津等方式培养其独特的数学思想。

（3）"先学后教"的教学方法在我国已经有成功的教学模式。邱学华的"尝试教育"的特征是"先练后讲，先学后教，先行后知，先做后懂"。教师让学生自己尝试解决问题,学生可以在预习课本之后,用各种方法尝试解决,培养学生的创新性和对新事物尝试探究的欲望。《教学革命——蔡林森与先学后教》一书中提出"先学后教,当堂训练"教学模式包括三个主要环节:①"先学",即学生看书(读书)、检测;②"后教",即学生更正、讨论,最后教师点拨;③"当堂训练",即当堂完成作业。

(三)结论与启示

综合国内外对相关课题的研究现状,可以发现:

(1)国内外的专家学者、一线教师都认识到自主探究、合作学习和生活化的数学在小学数学教学中的重要作用,并进行了切实有效的研究,形成了可供借鉴的小组合作模式。小组合作学习在我国中小学中得到了大范围的推广,但是在课堂教学中,个别教师只关注到小组合作的形式,而没有实现小组合作的真正意义。

(2)对于数学生活化教学的重要性能够达成共识。对学生而言,小学数学生活化的教学模式可以激发和提高小学生的学习兴趣,并培养小学生的自主创新能力,提高小学生应用数学知识和亲身实践的能力。对于教师而言,教学模式生活化可以提高教师的教学能力。青岛版小学数学教材采用"情境串"设计,增强了数学与生活的联系。但是,学生在用数学知识解决实际问题,将实际问题抽象为数学模型的过程中还有很大的困难,不能很好地用数学的思维和眼光解决问题。有关数学学习生活化的研究比较少。

(3)未检索到有关新旧结合点在小学数学教学中的作用的文献资料。大多数文献都是针对课堂教学过程中的教学方式变革进行研究,对于课前教师备课的研究很少。这也正是本课题要解决的问题之一:如何在备课的过程中就找准新旧结合点、自主探究点和链接拓展点,通过备课提高课堂教学效率。

三、研究程序

(一)研究设计

1. 确定研究问题

如何在备课环节准确地找到授课内容的新旧结合点、自主探究点和链接拓展点、在课堂教学中如何通过先学后教体现新旧结合点、自主探究点和链接拓展点。

2. 制定研究计划

第一阶段:课题研究准备阶段。

(1)通过调查问卷、访谈等方式进行教师、家长、学生三个层面的数学现状调研摸底。对学生现状进行分析。

(2)通过查阅相关文献资料,学习与本课题研究相关的专业理论。

(3)在调查分析、文献学习的基础上,制定课题研究计划。

(4)教师整理教材的"三点梳理"内容。

(5)制定适合学生实际情况的数学学科评价实施办法。

第二阶段:课题研究实施阶段。

(1)整理数学学科"三点梳理"备课参考资料。和课题组成员一起,在学校教研组范围内进行教材知识框架图的梳理、全册信息窗的新旧结合点、自主探究点、链接拓展点的整理修改。

(2)开展课堂教学实验。在课堂教学中以"学习目标说明、学生自主探究、探究成果反馈、展示汇报分享、练习巩固拓展、总结评价"为主要流程,以"小组合作有效性"为目的,进行课堂教学实验,定期邀请区教研员、名师、学校业务领导、教研组成员听课,对课堂教学研究情况,提出改进意见。通过单元测试、学生访谈、个案跟踪等形式,反馈课题研究情况。

(3)使用"数学学科星级评价",以星级为等级,用组内、组间、师生评价等形式,从知识掌握、合作、自主、探究、积累等多方面进行评价,形成"三点梳理,先学后教"教学评价体系。

第三阶段:课题总结阶段。

(1)整理过程性研究材料,撰写课题研究报告。

(2)整理出数学学科"三点梳理"备课参考手册。

(3)整理出"三点梳理先学后教"教学案集。

(4)推出"三点梳理先学后教"精彩课例录像。

（5）形成"三点梳理先学后教"教学评价方法。

（二）研究对象

我校学生生源情况复杂，外来务工人员子女和本地学生在知识基础、学习成绩和学习习惯上有一些差距。我校大部分数学教师比较年轻，且好学，有进行研究的愿望和意识。为了提高学生的学习成绩，提升其数学素养，培养他们的自信，并不断促进青年数学教师的专业发展，结合学生的年龄特点，选取小学生和小学数学教师为研究对象。

（三）研究方法

本课题是教学方法改进的行动研究，在实施课堂教学研究的时候采取三轮行动研究，在研究中不断改进。在资料整理和分析的过程中使用文献研究法，主要通过中国知网查阅电子文献进行梳理总结，并且阅读学校图书馆的专著和期刊。在后期的资料整理阶段主要采用经验总结法对资料进行整理和总结，形成研究总报告。

（四）技术路线

研究的技术路线如图5-20所示。

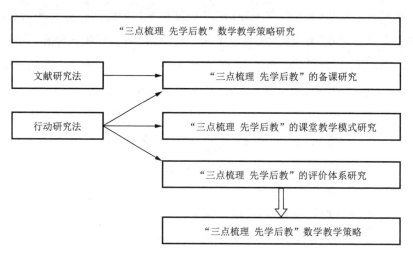

图 5-20　研究技术路线图

四、研究结论

本课题的研究主旨是在"三点梳理"备课基础上的"先学后教",通过教师对教材的梳理、教师教学方式、学生学习方式、评价方式的转变来提高课堂教学实效,促进学生全面发展,通过研究,形成了"三点梳理,先学后教"数学教学方法。教学方法基本流程如图5-21。

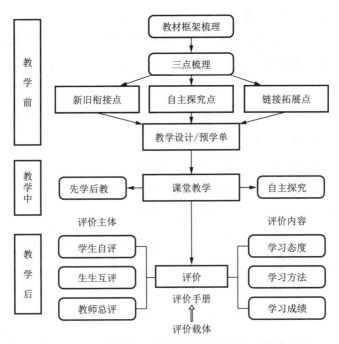

图5-21 "三点梳理,先学后教"数学教学方法流程图

（一）教学前进行"三点梳理"

进行"三点梳理"的前提是对小学阶段的所有教材进行通读,建构知识框架,所以教师需要先建构知识框架,然后对每一课时进行"三点梳理",找到新旧结合点、自主探究点和链接拓展点。最后在此基础上进行教学设计和预学单的设计,借助预学单了解学情。

1. 整理出青岛版小学数学教材框架

数学教材在编写的时候都遵循了由易到难的原则,前后知识存在着密切的联系,在教学的过程中,学生不一定能够找到新旧知识之间的联系,教师就要很好地为此搭建知识的桥梁,使学生的思维、知识、学习方法等能够很好地衔接起来,使新知识融入已有知识的网络。教师在备课前分析学情,瞻前顾后,溯源探流。教师要深入研究教材、学科,把握知识间的纵、横向联系,注重挖掘新旧知识间本质而内在的联系,并提供与新学习课题具有更多相似性、联系性的材料,使已经获得的知识成为新知识的基础。准确把握各知识的生长点与转折点,以及学生思维的障碍点,完善学生的数学知识体系,及时有效地培育好迁移的土壤,为学生顺利进行有效学习迁移做好必要的知识储备。

为更快地把握数学知识框架,我校骨干教师整理出了青岛版小学数学教材知识框架,供所有教师在备课时参考、学习。

教师在备课的时候,对教材的框架熟稔于心,就能在教学设计的时候把学情分析到位,并根据学情设计合理高效的自主探究活动。

2. 由框架到点,梳理出每节课的"三点"

围绕"三点梳理",梳理出1—6年级数学教材的新旧结合点、自主探究点和链接拓展点,形成"三点梳理,先学后教"备课参考资料集。

(1)新旧结合点。

新旧结合点,是指新学习的内容与学生已经掌握的知识、经验等相关联的点。数学教材编排的连贯性和顺序性,要求数学教师在备课前认真钻研教材,分析学情,瞻前顾后,溯源探流,准确找出所教知识的新旧结合点,把学生在前册教材或前期学过的和新知识有关的旧知识、方法,通过迁移、衔接、转化等方法运用到解决新问题中,体现数学知识的连贯性,构建学生思维的连续性。教材在编写的时候都遵循了由易到难的原则,前后知识都存在着密切的联系,在教学的过程中,学生不一定能够找到新旧知识之间的联系,教师就要很好的为此搭建知识的桥梁,使学生的思维、知识、学习方法等能够很好地衔接起来,使新知识融入已有的知识体系。

通过新旧结合点促进学生迁移能力的发展。在心理学中,迁移指的是一种学习对另一种学习的影响,指在一种情境中获得的技能、知识或形成的态度对另一种情境中技能、知识的获得或态度的形成的影响。在数学教学过程中,就要抓住新旧知识的结合点,引导学生以旧探新,展开主动的探究活动,实现知识的顺利迁移。新旧结合点激发学生学习的好奇心,满足学生的成就感。当学生在接触到一个新问题有似曾相识的感觉的时候,好奇心被激发,由于好胜心理的作用,他们必然想去探索,当运用已有的知识、数学活动经验把问题解决的时候,就会获得学习的成就感,得到快乐的活动体验。

(2)自主探究点。

自主探究点,是指学生课堂上通过自己思考、小组探究、合作交流可以学会的学习内容。

教师在备课过程中要挖掘教材的探究点,体现"先学后教,以学定教"教学方法,充分发挥学生在课堂上的主体作用,通过学生的探究性学习、自主合作学习,带领学生自主建构数学知识框架。苏霍姆林斯基说:"人的心灵深处,都有一种根深蒂固的需要,这就是希望自己是一个发现者、探索者,在儿童的精神世界里,这种需要则特别强烈。"根据儿童的这一心理特点,在教学中要让学生充分地动手操作、积极地自主探索和大胆地合作交流,让学生亲身经历观察、实验、猜测、验证、推理、交流等数学活动,从而培养学生自主探究的能力。在新课程改革的背景下,小学数学教学更是一个充满个性的活动。所以,教学必须以学生自主发展为本,认真对待每个学生的个性差异,给学生最大的发展机会,形成一种让学生主动探求知识并重视解决实际问题的积极的教学方式。我们在梳理自主探究点的时候,结合一节课的知识点、学生的学情,合理设置自主探究的环节,让学生都能在独立思考的基础上参与探究学习。自主探究点促进学生独立思考能力的发展。自主探究点设立的前提是自主学习,然后才能探究。遇到问题的时候首先要给学生充分的独立思考时间。独立思考是合作学习的基础。没有独立思考,没有形成自己的思想与认识,那么,在探究合作学习中只能是观众和听众。自主探究点发展学生的主动探索、合作交流的能力。学生面对问题,在独立思考的基础上找出了解决问题的方法或途径,作为一个"发现者、研究者、探索者",带着一丝激动,急切地想把自己的观点、想法讲出来,让同学分享他的智慧成果,让同学们赞扬他的想法,这时他多么渴望与人合作交流。有的学生在探索的过程中遇到了疑惑,这时学生同样也渴望合作交流,希望在交流中开拓、补充、修改自己的想法,争取早点找出解决问题的策略。因此,在课堂上应很好地利用学生的这种心理,抓住自主探究点,因势利导组织有效的小组学习,激发学生的学习热情。自主探究点发展学生的创新能力。自主探究点的设立要让学生在自主探究的过程中,说己所想,做己所想,放手给学生充足的学习时间,使学生能给出各种不同的方法,并能质疑同学的观点。

(3) 链接拓展点。

链接拓展点是指数学知识在生活中的应用点、数学知识的进一步拓展点,以及数学文化、数学历史在课堂中的渗透点。数学本身是一门应用性很强的学科,仅限于知识的讲授不能让学生感受到数学学习的意义。数学学科中的很多思想方法凝结了几代数学家的汗水。在课堂上让学生充分感受数学的应用性、了解一些数学史是体现数学教育价值和应用价值的重要方面。加强数学与学生的生活经验之间的联系,数学源于生活,寓于生活,用于生活,从学生熟知、感兴趣的生活事例出发,以生活实践为依托,将生活经验数学化,促进学生的主动参与,焕发出数学课堂的活力。可以链接拓展以下几个方面:一是针对所学知识拓展一些与情境串有关的内容,开阔学生的视野,加强学科之间的联系;二是将课堂知识生活化,生活问题数学化;三是课堂拓展与所学知识相关的人物、故事等,例如,在学习三角形内角和的时候,介绍帕斯卡的故事。

链接拓展点发展学生的应用意识。新课程标准指出"应用意识主要是指有意识地利用数学的概念、原理和方法解释现实世界中的现象与规律,解决现实世界中的问题"。链接拓展点提高学生学习数学的兴趣。教材采用情境串教学法,其中有很多学生喜欢的、体验过的情境,抓住这些点,可以激发学生学习的兴趣。将一年级的"走进花果山""小小运动会",二年级的"变魔术""森林里的故事",等等,适当地拓展,就可以让学生融入情境,提高学习的热情。链接拓展点培养学生形成良好的情感、态度、价值观。教材中渗透很多德育内容,热爱家乡、保护环境、尊老爱幼、科技创新⋯⋯利用好拓展链接点可以帮助学生形成良好的情感态度,形成正确的价值观。

用图 5-22 表示新旧结合点、自主探究点和最近发展区之间的关系。

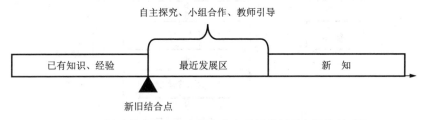

图 5-22　新旧结合点、自主探究点和最近发展区之间的关系图

3. 设计"自主预学单",以"预学单"为载体了解学情

数学学习要面向全体学生。由于学生的认知水平和学习能力之间的差异,加之遗忘规律的影响,课堂上并不是所有学生的已有知识都能被唤醒。为了充分了解学情,帮助学生搭建新旧知识的沟通桥梁,帮助学习有困难的学生提高课堂效率,我们在新授课之前设计"预学单"。"预学单"一般包含"温故知新"复习部分、"新知探究"新课探究部分、"链接拓展"拓展延伸部分和"你的疑惑"问题记录部分四个部分。其中,"温故知新"部分是学生在课前必须完成的,用于教师在课前了解学生对旧知识的掌握程度,对旧知识的掌握是"先学"的前提;"新知探究"部分,学生可以根据自己的实际情况尝试做,这一部分用于课堂上的自主探究和小组合作学习,课堂上的"新知探究"是"先学"的载体;"链接拓展"部分是教学内容的拓展延伸;"你的疑惑"让学生记录自主预习过程中遇到的问题。

（二）教学中实行"三点梳理，先学后教"课堂教学模式

"三点梳理，先学后教"课堂教学模式如图 5-23 所示。

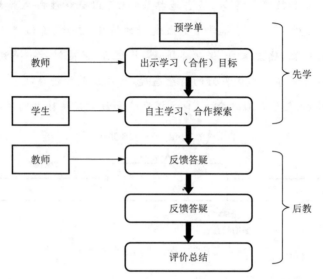

图 5-23 "三点梳理，先学后教"课堂教学模式流程图

"三点梳理，先学后教"课堂教学模式以"出示学习目标、学生自主学习、合作探究、反馈答疑、当堂检测"为主要流程。由于学生的学习能力、学习成绩和学习习惯相差比较大，刚开始的研究不能完全照搬蔡林森先生的"先学后教，当堂训练"的教学模式，每节课只选一个知识点进行"自主探究、先学后教"。

具体来说：教师在进行详尽的三点梳理的备课之后，结合学生"预学单"的做题情况，适当调整教学设计。课堂教学的第一个环节是给学生出示明确的自主学习目标。学习目标明确地给出学生在这一教学环节需要掌握什么，用多长时间、采用什么样的学习方式等具体要求。课堂教学的第二环节是自主学习，探究学习。为保证探究学习的有效性，将学生按照不同的特质进行分组，指定组长，训练学生进行探究学习。课堂教学的第三个环节是反馈答疑，总结提升。教师根据学生的自主合作学习情况对这一知识点进行

答疑,深化总结,这是"后教"的第一步。课堂教学的第四个环节是当堂检测,是"后教"的第二步,在课堂上,教师根据本节课的学习目标设置一定量的题目让学生当堂做完,检查教学效果,并对出现的问题及时纠正。如果有学生做错了,可以让其他学生来纠正,在纠正的时候说明什么地方错了,为什么错了、怎么改。在学生说和做的过程中,教师针对学生存在的问题进行点拨。

(三)教学中以及教学后按照评价体系对学生进行评价

通过教师评价、生生评价、组内评价、组间评价等多种方式,结合学校制定的《学生发展性评价手册》,运用评价章、评价贴,形成有效的评价机制。在本课题研究之前,学校就制定了《学生发展性评价手册》,也给教师准备了评价印章和评价贴。但是教师在日常工作中使用这些评价方式比较随意,没有固定的评价标准,想起来就给学生盖几个章,忙起来的时候就忽视了评价,导致这些评价方式形同虚设。为了使评价达到促进学生发展的作用,本研究建设了如下评价体系:

(1)形成多元化的评价主体。以往的课堂上,我们对学生的评价大部分停留在教师口头评价上,并且即使是口头评价,评价的语言也比较匮乏、单调,一般就是"很好""非常正确""你真棒"这样的结果性评价语。开展本课题研究之后,我们让家长、同伴、自己也成为评价的主体。教师负责学生的作业、课堂表现以及测验等的评价;家长负责学生的家庭作业完成时间、完成态度方面的评价;同伴评价主要在小组学习表现、小组作业互批、课堂回答问题等方面对同伴进行评价;学生自己对自己的评价包括做题速度、正确率、理解程度等方面。

(2)确定多元化的评价内容。对学生的评价,不仅限于做题是否正确,回答问题是否正确,还包含对做题速度的评价、对书写质量的评价、对错误的改正评价、对学习方法的评价、对学习态度的评价等等多方面。

(3)呈现多元化的评价方式。除了口头评价学生,还有写评语、盖印章、发粘贴、发奖状等多种形式的评价。以学生的家庭作业为例,如果学生在家写作业的时候态度认真,按时完成,家长可以奖励一颗星,直接画在学生作业本上,教师根据家长画的星给学生在评价手册上盖同等数量的印章。教师在批改作业或者小组互批的时候,如果该学生的作业书写认真规范可得一个印章,全部正确再得一个印章;还可以根据学生的实际情况给予恰当的评语,如果学生该次作业有错,那么全部错误改完之后可以得到一个印章,集齐五个印章可以换一枚粘贴,每得到一定数量的粘贴就可以兑换相应的奖品。在学期末根据粘贴数量参评相应的奖项。

五、分析与讨论

由于学生对自主学习和探究式学习需要有一个适应的过程,所以在实施之初,学生的自主学习能力和合作探究能力存在很多问题,这两个环节也在课堂上耽误了很长时间,没有完成预设的教学任务。

在课堂教学的环节,自主探究点设立的前提是自主学习,然后才能探究。遇到问题的时候首先要给学生充分的独立思考时间。独立思考是合作学习的基础,没有独立思考,没有形成自己的思想与认识,那么,在探究合作学习中只能是观众和听众。

虽然自主探究式学习对于学生的数学学习很重要,但并不是所有的课型都适合探究式学习。例如,五年级下册的"运用方程解决实际问题"这一教学内容,需要教师在课堂上积极引导,尽量规范学生解决问题的步骤和方法,若让学生进行自主学习,反而会让学生在解决问题的过程中形成一些不严谨的解题思路和不规范的解题格式,让教学效果适得其反。

数学联系生活有适应性,不是每节课都必须联系生活,不是什么内容都适合、都可以生活化,也就是说,不是每个知识点都能在生活中找到原型。所以在备课的时候,不一定每堂课都有链接拓展点,有的课型学习的就是纯数学理论知识,不必为了拓展而强硬地将数学知识与现实生活挂钩。

六、建议

(1)教师备课过程中一定要厘清教材结构,深研课标。"三点梳理,先学后教"小学数学教学策略的实施关键在教师,教师对教材、课程标准研究得透彻,才知道让学生先学什么,学到什么程度,才能设计合理有效的自主探究活动。

（2）给学生科学地分学习小组。一般按照不同特质给学生划分学习小组，让不同发展水平的学生互相影响，让学生在同伴的帮助下获得知识与经验的积累。但对于小组中稍微落后一些的学生，在小组活动中，教师要关注这些学生的表现，不要让他们一味做倾听者，要适时地给他们机会表达自己的观点和做法。

（3）评价要坚持，承诺学生的奖励要兑现。小学阶段的学生对于印章评价和物质奖励是非常在意的，这种奖励评价的方式在教学过程中能够极大地提高学生学习的积极性。所以，要使得评价发挥应有的促进学生学习的作用，就一定要将评价制度坚持下去，并定期兑现给学生的奖励。

（4）教师要提高教学研究水平和能力。在教学研究过程中遇到一些棘手问题时，若理论水平有限，就难以找到相关的理论支撑，就会使研究方法使用得不够科学，阻碍进一步研究的开展。这就需要教师在平日的教学研究中不仅注重实践，更要多读书学习，丰厚自己的理论基础，用高屋建瓴的理论指导自己的实践，让教学研究更加科学、富有实效。

例2 市北区教育科学规划2023年度专项课题

中华优秀传统文化融入小学数学教学的路径研究开题报告

一、研究背景

中华优秀传统文化是中华民族长盛不衰的文化基因和精神命脉。作为一线教育人，我们承担着将其由文化形态转化为教育形态的任务。教师要通过课堂教学为学生植入文化基因，将教书和育人有机融合，为实现中华民族伟大复兴的中国梦贡献自己的教育力量。

（一）基于立德树人根本任务的要求

立德树人，传承优秀传统文化。党的十八大报告指出："全面贯彻党的教育方针,坚持教育为社会主义现代化建设服务、为人民服务,把立德树人作为教育的根本任务,培养德智体美全面发展的社会主义建设者和接班人。"党的二十大重申了党的教育方针,要落实立德树人根本任务,培养德智体美劳全面发展的社会主义建设者和接班人。明确提出推动理想信念教育常态化制度化,推进大中小学思想政治教育一体化建设,并提出要加强和改进未成年人思想道德建设。广大教师在日常教学中必须贯彻党的教育方针,坚持立德树人。党的十八大以来,习近平总书记高度重视中华优秀传统文化的传承发展,为传承和创新发展中华优秀传统文化指引了方向,在小学数学教学中融入中华优秀传统文化是小学数学教师落实立德树人根本任务的重要途径。

学科育人,根植中华文化基因。我国古代数学成就是中华优秀传统文化的有机组成部分,它具有悠久的历史,创造出很多具有中国特色和世界影响的成果,不仅为中华民族的发展做出了杰出贡献,也为整个人类文明做出了积极贡献。在中小学数学教学中融入我国传统数学内容,对于学生感悟中华民族智慧与创造、增强民族自豪感、坚定文化自信具有重要作用。2021年教育部印发了《中华优秀传统文化进中小学课程教材指南》,并针对数学学科明确提出了具体的要求。要求小学阶段在"数学与代数""图形与几何""综合与实践""数学文化"等领域选取我国数学典籍、数学家的发现发明创造及人物传记等具体内容在课程教材中呈现。中华优秀传统文化进教材之后,这必然要求数学教师能够将其有机融入教学,真正让文化通过课堂教学得到传承。《义务教育数学课程标准(2022年版)》指出:"数学承载着思想和文化,是人类文明的重要组成部分。""将中华优秀传统文化这一重大主题教育有机融入课程,增强课程思想性。"由此可见,中华优秀传统文化融入小学数学课堂教学是实现学科育人的重要方式。

(二)基于落实学科核心素养的要求

小学是个人价值追求和思维方式形成的关键时期,也是意识形态和文化素养逐步形成并趋于稳定的关键期。数学是自然科学中的基础学科,数学课程是整个课程体系的重要组成部分。数学不仅具有独特的文化价值和人文意蕴,而且在培养人的认知方式与理性认知上也至关重要。

聚焦核心素养,发展应用意识。2022年《义务教育数学课程标准》落地,将党的教育方针具体细化为学科核心素养。新课程标准明确指出,数学课程要培养的学生核心素养包括三个方面:会用数学的眼光观察现实世界,会用数学的思维思考现实世界,会用数学的语言表达现实世界。几何直观、模型意识、应用意识、创新意识等核心素养点中都渗透着很多中华优秀传统文化,需要教师在教学中将文化融入和教学有机结合,在教学中传承中华优秀传统文化,在传承优秀文化中提升学科核心素养,发展应用意识,渗透爱国情怀。

加强学科关联,发展实践能力。新课程标准指出,要基于核心素养发展要求设计课程内容,设立跨学科主题学习活动,加强学科间相互关联,带动课程综合化实施,强化实践性要求。小学数学学科与其他学科都有可以融合的地方,进行跨学科主题式学习,科学组织主题活动,让学生在活动中接受中华优秀传统文化的浸润,同时增强实践能力和意识。

(三)基于省市小学数学教研的要求

山东省小学数学近几年的研究主题是:基于数学文化的小学数学课堂教学研究;青岛市小学数学研究主题是:小学数学学科育人视域下基于数学文化的单元统整教学。市北区入选"山东省全环境育人试验区",教学紧紧围绕"全环境育人及大单元全景集备"展开,将中华优秀传统文化融入小学数学教学,切合省、市、区小学数学的教学要求。在省、市、区的教育培训中,教研员已经将学科育人的具体路径传达给数学教师。这就要求小学数学教师在实际教学的过程中一一落实,将立德树人的根本任务、学科育人的基本要求、学科德育的基本路径融入数学教学的各个部分,让教学成为传承中华优秀文化、实现学科育人的主要形式,让学生在学习学科知识中感受、理解、传承中华优秀传统文化。

(四)基于工作遇到的现实问题

基于立德树人根本任务,根据省、市、区小学数学的教学要求,我们在日常教学过程中也一直尝试将中华优秀传统文化融入数学教学中,在这个过程中也发现了一些问题,主要是以下几个方面。

首先,将中华优秀传统文化融入小学数学课堂的力度不大。主要表现在部分教师为对中华优秀传统文化融入教学的重要性认识不够,对教学目标的情感态度目标落实不到位,对教材中的文化内容教学没有引起足够的重视,仅仅作为教学的补充。其次,将中华优秀传统文化融入小学数学教学的教学能力不够。部分教师在长期的教学过程中形成了教教材的习惯,缺乏将中华优秀文化融入教学的能力。主要表现为对教材的理解能力欠缺,不能很好地将教材中涉及的中华优秀传统文化落实到课堂教学中;创造性使用教材的能力不够,缺乏因地制宜、有针对性地融入中华优秀传统文化的教学设计能力;设计文化融入的数学实践活动能力、跨学科主题教学能力不够,不能适应新的学科教学要求。再次,对中华优秀传统文化融入小学数学教学的路径不清晰。一线的数学教师将中华优秀传统文化融入教学,往往受到到底该怎样做、具体的路径是什么、该怎样实施这三个问题的困扰。目前大部分的做法是在课堂教学的某个环节介绍一下相关的文化,缺乏对具体路径的深入研究与思考。最后,将中华优秀传统文化融入小学数学教学的配套资源不丰富。随着新的课程标准的发布,青岛版小学数学教材也在改版,与教材相配套的数学文化读本、数学实践活动资源库等比较少,教师可用于参考的样本性资源不多。对于大部分教师特别是新任教师来说,要实现将中华优秀传统文化融入教学存在一定的困难。

二、本课题国内外研究现状述评

为了更好地借鉴已有研究成果,我主要在中国知网上以"立德树人""中华优秀传统文化""教材""教学"等关键词进行相关文献的检索。对检索结果进行分析发现:与中华优秀传统文化融入教学的研究数量多、科目多。说明在立德树人根本任务的指导下,各个学段、各个学科都在进行学科育人的研究,将中华优秀传统文化融入教学的研究得到了大中小学教师的一致重视。

（一）国内研究梳理与分析

1. 将中华优秀传统文化融入教学受到广大研究者一致重视

基于中国知网的检索,可视化结果如图 5-24 所示。将中华优秀传统文化融入教学的研究在 2000 年之前就有不少,说明传承与发扬中华优秀传统文化一直是我国教育教学的主题。党的十八大以后,相关研究数量逐年迅速增长,说明在提出立德树人根本任务之后,越来越多的教师将其与自身的教学与研究相结合,产生了大量的研究成果。2021 年和 2022 年相关研究实现大幅度增长。2021 年《中华优秀传统文化进中小学课程教材指南》印发之后,广大教育者对于中华优秀传统文化进教材有了更清晰的认识,相关研究呈现数量多、门类全、学科广的趋势。不同学段、学科都在研究将中华优秀传统文化融入课堂。

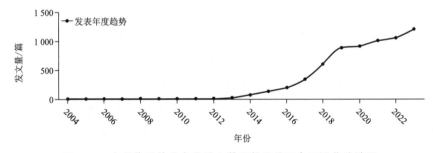

图 5-24　中华优秀传统文化融入数学教学的研究可视化统计图

2. 将中华优秀传统文化融入教科书已经有相对成熟的研究

2016 年教育部组织编写的全国统一使用的教材(以下简称部编版教材)投入使用。到 2019 年,小学、初中实现了部编版语文、中国历史、道德与法治全年级统一使用。其他学科也在探索将中华优秀传统文化融入教科书的理论与实践,并取得了相应的成果。以小学各个学科、各个版本的教材为例,都不同程度地融入了中华优秀传统文化,以语文、道德与法治、美术、音乐为主。中华优秀传统文化进教材,为广大一线教师进一步将文化转化为教学的内容,转化为学生的素养提供了首要条件。

3. 将中华优秀传统文化融入数学教学受到研究者关注

在研究将中华优秀传统文化融入数学教科书的同时,也有部分研究者关注到如何在微观层面上将中华优秀传统文化融入教学的各个环节,让文化转化为教育的内容。研究者陈婷等从中华优秀传统文化融入教材的角度,认为中华优秀传统文化要从文化话语转化为数学话语,与数学学科进行深度整合,以使其符合学生的认知水平,并提出用现代多媒体技术,从儿童视角出发建立学科影像资源库,为建立小学数学配套资源提供了路径参考。① 学者曹一鸣认为,传统文化的教学要与相关数学内容的教学结合起来,要引导学生用中国数学史的方法解决遇到的数学问题,还可以通过"综合与实践"从课内到课外让学生感受中华优秀传统文化。②

(二)国外研究梳理与分析

本研究是极具中国特色的研究,是扎根本土的教育实践活动。国外虽然没有相关的研究,但是国外相关的将文化融入教学的具体路径与策略却可以为我们提供一定的启示与参考。英国的课程标准要求教师在选取应用题的素材时要考虑所有学生的接受情况,在教材中加入社会热点问题,并加强数学与学生的实际生活之间的联系;俄罗斯将国家传统节日融入数学教学中,注重数学文化与本土文化的结合;法国在高中阶段的教学注重数学在文学、哲学、语言学中的应用;美国阿拉斯加文化的数学项目,发掘民族数学,然后将数学内容与文化背景相结合,接着将数学与当地语言及文化故事相结合,以此来开发数学文化项目。

(三)总结

中华优秀传统文化融入小学数学教学的重要性和必要性得到研究者认可,但是还有以下问题必须得到我们的重视。

---

① 陈婷,李兰.中华优秀传统文化融入小学数学教科书:现实样态与行动路向[J].课程·教材·教法,2021,41(11):92-99.
② 曹一鸣.中华优秀传统数学文化进中小学数学课程:从意义到实施[J].教育研究与评论,2022(6):46-49.

1. 中华优秀传统文化融入小学数学教学的具体实施路径少、力度小

尽管中华优秀传统文化融入小学数学课程的研究资料比较多,但是大多是顶层设计,从宏观的角度上,为教材编写提供理论支持与路径。近年来的数学教育理论研究中,对中国数学史、数学文化与小学数学学科相结合的研究比较多,并有不少优秀的研究成果。但对中华优秀传统数学文化融入中小学数学教学,该如何具体实施方面的探讨还比较少,还需要加强实践探索。

目前的研究中有中华优秀传统文化的融入,但是不够深入,不够全面。有的作为课外知识补充,有的仅仅是作为了解的内容,停留在让学生读一读的层面上,甚至不讲,使得教科书中的中华优秀传统文化长期处于边缘地带,更多地表现为教学过程中的一种点缀,甚至被忽略。

2. 中华优秀传统文化与小学数学学科知识的融合程度需要加强

中华优秀传统文化融入数学教学,既要保证其文化性,也要带有数学味,不能将文化和数学割裂开来。特别是新版数学课程标准要求重视单元整体教学设计,更要加强文化与数学的融合,加强文化之间的联系。

3. 一线数学教师对中华优秀传统文化融入课堂教学的研究热情不高

通过对相关文献进行梳理发现,与中华优秀传统文化进教材、进课堂相关的研究都是高校教师、研究生、教研人员、教学管理者等不在一线教学的人员进行的,一线教师的研究并不多。大部分一线教师停留在教教材的层面上,少有将教材创造性使用,使得教材中的部分内容对学生来说会出现难以理解和接受的情况。这与教师能够使用的配套资源不多和教师缺乏课程开发的能力有直接的关系。

基于以上原因,以立德树人为根本任务,将中华优秀传统文化融入小数学教学,寻找合适的具体可实施的路径,是小学数学教学过程中应该做和必须做的事情。所以本课题研究将立足课堂教学一线,探索具体有效的路径,打通中华优秀传统文化进学生心中的最后一里路。

三、研究内容

（1）进行调研，了解目前小学数学教学中融入中华优秀传统文化的现状。

（2）探索符合小学生认知能力的中华优秀传统文化融入数学课堂教学的基本路径。

（3）汇编与青岛版小学数学相配套的中华优秀传统文化读本等资料集。

课题研究框架如图 5-25 所示。

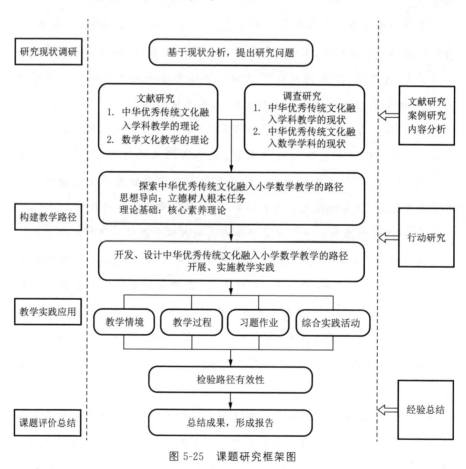

图 5-25　课题研究框架图

四、研究方法

本研究扎根教学实践,主要采用文献分析法、调查研究法、行动研究方法,针对教学中遇到的问题,对照研究目标,综合梳理文献,边研究边改进。

五、研究进度

研究准备阶段:2023 年 8 月—2023 年 9 月。采用调研的形式,进一步厘清研究问题,开题。

研究实施阶段:2023 年 9 月—2024 年 7 月,进行三轮行动研究,探索、实验具体的实施路径。

研究总结阶段:2024 年 7—8 月,总结提炼,形成研究总报告。

六、研究分工

课题主持人:刘晓东(总体负责课题的实施推进)。

课题组主要成员:郭育晖、郝芳、丁小珑、李鸣柳(负责理论指导、研究方法指导和课堂教学指导);伯阳,田景霞(负责课堂教学实践,积累素材)。

七、预期成果

(1)成果形式:撰写课题研究报告一篇;撰写多篇教学案例;发表相关学术论文一篇;汇编青岛版小学数学文化读本一套;形成学生综合实践活动报告多份。

(2)研究成果使用去向:本研究立足学科开展,首先在实验研究学校进行推广,进而依托区级教学法、教学成果的推广,实现研究成果的区域推广、跨区推广。并以发表学术论文的形式,实现更大范围的推广使用。

(3)预期社会效益:引起对传承中华优秀传统文化的重视,启发社会各界以多种形式、多种渠道关爱未成年人成长、传播中华优秀传统文化。

第四节　听课反思

　　笔者在日常教学实践中,经常听各级各类公开课、优质课,在听课中不断向他人学习,取长补短,增强自身的实践能力。以下是笔者全程参加山东省小学数学教学能手评选活动的听课反思。当时,本教学模式还在研究的初期。此次听课活动让笔者收获很大,本教学模式的很多想法在上课教师的教学过程中得到印证,也让笔者对本教学模式的研究充满信心。

"课堂教学十点要求""先学后教,以学定教"及"三点梳理"在课堂教学中的体现

——山东省第六届小学数学教学能手评选活动听课总结

　　今年有幸赴滨州参与了山东省第六届小学数学教学能手评选活动的听课,多名不同教学风格的老师给我留下了深刻的印象,让我感受很多,对我个人的教学工作有很大的启发和帮助。我结合四方区的教研主题激情课堂"教学十点要求""先学后教,以学定教"和我校数学课堂教学"三点梳理"谈一下我的收获。

　　"三点梳理"是我校今年的数学教研新要求,要求科任教师在备课的时候认真钻研教材,分析本课的新旧结合点、自主探究点和链接拓展点。新旧结合点旨在让学生利用已经学过的知识、方法来解决新问题,体现学生思维的连续性、数学知识的连贯性;自主探究点就是要充分发挥学生在课堂上的主体作用,让探究性学习、小组合作学习真正发挥作用,体现"先学后教,以学定教";链接拓展点一方面将课堂知识生活化,生活问题数学化,另一方面,针对本课所学知识拓展一些数学史等方面的内容开阔学生的视野,体现数学的价值。

激情课堂之精神饱满进课堂

前来上课的每一位老师都是衣着大方得体、精神饱满。我知道,他们之前准备课的时候肯定很累,因为上课的老师都是提前两天抽到课题,然后备课、准备教具、见学生……即使这样,他们走进课堂的时候也是面带微笑、精神饱满的。他们都用极富亲和力的开场白让学生在快乐中开始数学课。一位二年级的教师用了猜谜语的方式来调动学生的积极性:"总"的左边加耳朵。学生猜出来是"聪"之后,老师巧妙地把这个字进行了分解,加上动画,左边是耳朵,"总"上面的两笔是一双大眼睛,然后是一张嘴和一颗心,告诉学生要做一个聪明的孩子就要用耳朵好好听、用眼睛认真看、用嘴巴大声说、用心记。并且给情境图中的两只大熊猫取名为聪聪和明明,直接进入到情境中,为聪聪和明明分10个竹笋。这一点是值得我们学习的。对每一名一线的老师来说,我们平时有太多的事情要做,课下我们要备课、批作业、辅导学生、开会、教研,有的数学老师还担任班主任或其他职务,也许在上课之前会有很多的情绪,但是我们应该把情绪放下,展现给学生一个最佳的状态,让学生从老师充满阳光的微笑中感受到温暖与激励。

激情课堂之课堂提问精设计

每节课设计一至两个有价值的、开放性的、具有思维含量的问题,减少机械性的无效提问;教给学生质疑方法,鼓励学生质疑,点拨学生困惑点,促进学生发展求异思维和发散思维。这是课堂教学十点要求的内容。在我听的课中,不少老师的提问非常有效。比如在二年级"认识平均分"的课上,10个竹笋要分给2只熊猫,怎么分?有个学生说哥哥、弟弟各5个,老师直接追问:"你是怎样想的?"学生回答:"让它们吃的同样多。"还有一位老师在教学生认识了平均分之后,让学生举例,然后老师把学生举的例子用一年级学过的数的分成来表示:

学生说出了把一个数平均分成两个数的几个例子之后,老师直接问:"谁能再说一个与众不同的?"这对于二年级的孩子来说可能稍微有点难度,老师提示了一下:"6块糖,平均分给3个人。"这一提示,学生的思维就被打开了,后面就出现了精彩的回答,充分体现了学生对平均分的理解十分透彻。

"三点梳理"之"新旧结合点"的体现

教材在编写的时候都遵循了由易到难的原则,前后知识都存在着密切的联系。在教学的过程中,学生不一定能够找到新旧知识之间的联系,教师就要很好地成为学生学习新知识的桥梁,使学生的思维、知识、学习方法等能够很好地衔接起来,使新知识融入已有知识的网络。

我们知道平行四边形的面积推导过程,是在学生学习了正方形面积的计算和平移的基础上进行的,同时,平行四边形面积的计算又是三角形、梯形面积计算推导过程的基础,其中蕴含的转化的思想也是一种重要的数学思想方法。听课的过程中,有4位老师讲了平行四边形的面积,在开始的时候,先让学生猜一猜,图5-26中所示平行四边形面积有多大。学生给出了不同的猜想,其中有7×5＝35(平方厘米),

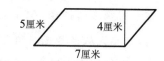

图 5-26　平行四边形学具

这是基于长方形的面积计算公式基础上进行猜测的。虽然这是一种错误的答案,但是学生这种将旧知识迁移到新知识的学习上来的想法还是值得肯定的,只是这是一种负迁移。然后老师让同学们在小组内里用学具来动手操作验证,将平行四边形剪切、拼接成一个长方形,进而利用转化的思想,根据旧知长方形面积的计算公式推导出平行四边形面积的计算公式。

同样,在推导圆的面积的计算公式的时候,老师同样引导学生运用了转化的思想方法,这次是数学学习方法的新旧结合。还有,将20个桃子平均分给5只小猴,每只小猴分到几个桃子?有一个学生回答:"我用算一算的方法,4×5＝20(个)。"这个学生用了刚刚学过的表内乘法来解决这个问题,正是新旧结合的体现,同时也为后面的除法的初步认识打下基础。

"先学后教，以学定教"和"三点梳理"之"自主探究点"的体现

苏霍姆林斯基说："人的心灵深处，都有一种根深蒂固的需要，这就是希望自己是一个发现者、探索者，在儿童的精神世界里，这种需要则特别强烈。"根据儿童的这一心理特点，在教学中要让学生充分地动手操作、积极地自主探索和大胆地合作交流，让学生亲身经历观察、实验、猜测、验证、推理、交流等数学活动，从而培养学生自主探究的能力。在新课程改革的背景下，小学数学教学更是一个充满个性的活动。所以，教学必须以学生自主发展为本，认真对待每个学生的个性差异，给学生最大的发展机会，形成一种让学生主动探求知识并重视解决实际问题的积极的教学方式和学习方式。在我们听的课中，老师们都用了自主探究、小组合作学习的方法。在此，我结合几个例子谈一下自己的感受：

小组合作对低年级学生来说比较困难。有一位讲二年级课的老师在让同桌合作的时候，是这样要求的：20 个桃子，平均分给 5 只小猴，同桌两人用你们的学具摆一摆、分一分，看看每只小猴分到几个桃子？老师为学生提供了图 5-27 这样的题纸：

图 5-27　小猴分桃子示意图

这样明确地为学生展示出分组情况，学生操作的时候就有了方向性，学生也就给出了几种不同的分法。并且，用这样的形式，之后学生展示自己的分法时也很清晰，学生上讲台说得非常棒："我先给第一只小猴 1 个桃子，再给第二只小猴 1 个……"老师的这种结合学生年龄特点的小组合作学习引导值得我们学习。

在可能性教学的收集数据环节,老师让每个小组用白棋子和黑棋子(白棋子多)进行实验,如果连续摸 20 次,摸到什么颜色棋子的次数多? 6 人小组分组探究。为了更清楚地交代合作要求,老师给出温馨提示:① 组长组织记录,其他同学轮流摸棋子。② 每人连续摸 4 次。③ 每次摸一个棋子,记录颜色后放回袋子,组长摇一摇后再摸。④ 用"坐端正"告诉老师小组已经完成。将摸球情况记录在表 5-6 中。

表 5-6 摸球情况记录表

白子个数	黑子个数	摸到白子次数	摸到黑子次数	结论

这样一次有效的小组合作学习得益于老师明确地给予学生学习指导,结合三年级特点,老师给出了详细的统计表辅助学生得出结论。

而在六年级圆的面积一课的自主探究学习中,完全是学生在探究,老师没有过多地提供指导。老师让学生用手中的学具折一折、剪一剪、拼一拼,看能把圆转化为哪种图形。学生通过和小组同学的交流、探索,将圆 4 等分、8 等分、16 等分,转化为近似平行四边形,更有的小组转化为梯形。然后老师用多媒体演示等分成很多份之后拼成近似长方形,进而学生根据长方形面积计算公式推导出圆的面积计算公式,学生获得极大的成就感。

"三点梳理"之"链接拓展点"的体现

数学本身是一门应用性很强的学科,仅限于知识的讲授不能让学生感受到数学学习的意义。数学学科中的很多思想方法凝结了几代数学家的汗水,在课堂上让学生充分感受数学的应用性、了解数学史,也是数学体现教育价值和应用价值的重要方面。在这次的课上,有不少老师就将数学的生活化、将数学的历史引进课堂中,让学生的知识面得到拓展。在二年级平均分一课中,有一位老师给学生出示一组关于平均分的图片(太极图、拔河、大阅兵)展示生活中的平均分。可能性的教学过程中,老师们引入了科学家对抛硬币实验结果的论证。2、5 倍数的特征一节课中,老师让学生猜一件衣服的价格。圆的周长的课上,老师为学生拓展了圆周率的来历。方位和图形一节课中,老师结合山东省地图,让学生说一说济南、青岛、滨州三地的位置关系⋯⋯

除此之外,有几位老师在课堂上的几处小细节给我留下了深刻的印象。来自济宁的朱琳叶老师讲圆的周长一课时,先给学生出示小蚂蚁沿着树叶爬行一周的动画,然后问:"小蚂蚁是从哪开始爬的,沿着什么爬? 到哪结束?"让学生带着问题再看一遍。这种让学生带着问题看的要求,使学生更明确了观看任务,对图形周长有了初步的认识。来自威海的于爱敏老师在给学生布置小组学习任务之后,问"老师说明白了没有",而不是"你听清楚了没有"。

和老师们学习的同时,也有几个问题我觉得值得商榷。首先是大部分老师由于上课用的不是自己的学生,造成了时间不够用,练习环节很少,甚至没有练习的问题,感觉有点可惜。其次,青岛版教材是由情境串引出问题串,让学生在解决问题中学会计算。但是在我听的圆的面积、圆的周长、平行四边形的面积的课上,有的老师没有运用情境图;有的老师刚开始的时候用了,问题也引出来了,但是问题还没解决完,只是求出图形面积,并没有解决一共放养了多少尾虾苗这个问题就下课了。最后,课堂上老师的评价语不是那么丰富,特别是低年级的课,学生一节课上几乎没有得到鼓励性评价。

以上几点是我的不成熟的看法,旨在提醒自己的教学要时刻注意每一处细节。通过此次的听课,我学到了比教学方法更重要的东西,那就是孜孜不倦、严谨求实的教学态度。希望自己会时刻严格要求,做一名优秀的数学教师。

附　录

附录1　教学述评案例设计

小学数学学业述评的方案设计

——以青岛版小学数学一年级上册"11—20各数的认识"为例

（一）设置评价任务

完成数学连环画。

（二）确定评价目标

（1）经历在独立思考和动手操作的基础上与他人合作交流、自主构建知识的过程。

（2）形成有理有据叙述计算过程、一丝不苟计算得数的数学品格。

（3）体会数与生活的联系，感受数学的价值，享受成功的快乐。

（三）评价任务描述

学生结合自己的生活，运用学过的11—20各数的数学知识，编含有数学信息的小故事，然后将这个故事画出来，做成小小连环画。

（四）设计评价标准

一级指标	二级指标	★★★	★★	★
故事内容	能独立思考，自主完成连环画			
	排版合理，界面美观，清楚			

续表

一级指标	二级指标	★★★	★★	★
故事 内容	故事内容结合生活,运用 11—20 的数学知识			
	准确完整呈现出数量关系			
	能够准确提出并解决一道十几加几、一道十几减几的数学问题			
汇报 表现	用准确的数学语言讲述自己的故事			
	语言生动,情节完整			
	能在规定时间内完成			
小组 合作 交流	认真倾听他人的故事			
	能理解他人连环画中的数学信息及数量关系,正确回答他人的问题			
	积极参与此项活动			

（五）评价实施

信息窗 2 学习活动结束之后实施此评价任务。学生在 4 人小组内进行互评,1 人讲解,其他 3 人共同评价,最后算出一共获得几颗星。教师根据每一名学生的表现给出课时学业述评,并记录在学业述评档案中。

（六）反馈与积累

教师根据学生的课时学业述评对学生进行个性化指导,指导学生进行改进,完成学习目标。

（供稿:青岛启元学校　张颖欣;青岛崇德小学　朱博;青岛中央商务区实验学校　刘晓东）

小学数学学业总评
回首·反思·展望
————学生数学学业总评表

姓名：×××　　　　　　学业总评等级：A

丰收园	一步一个脚印（日常评价）	星级作业章	165 个		
		课堂表现章	72 个		
		实践活动章	20 个		
		合　计	257 个		
	学业有成（阶段总结）	学科闯关	A	A	A	A
		期末检测	A		

老师对我说	本学期你的期末检测成绩为 A,错误原因是在做图题上少加了一个直角符号,要注意做题的细节,以后记得做完题目要检查哦! 其余题目全对,祝贺你。 　　日常评价共获得 257 个评价奖章,其中星级作业获得 165 个奖章,课堂表现获得 72 个奖章,实践活动获得 20 个奖章。你在作业、练习和学科挑战赛中表现特别突出。 　　在学习的过程中,你和小组内的同学配合默契,能够主动表达自己的观点。特别值得表扬的是,你养成了课前预习的好习惯,预学单上记满了你的预习收获和疑惑;你平时在纠错本上认真整理错题,还学会了用思维导图整理单元知识;另外,你多次当小老师把学会的题目讲给同学。这些都是学习的好方法。老师给你一个建议:期末复习的时候把纠错本上的错题再做一遍,之前的错题就会被你一个个消灭掉。好记性不如烂笔头。老师还希望你在下个学期的学习中,能用好演算本,扎扎实实做好每一道计算题,养成良好的学习习惯。 　　这个学期,你在学习成绩、学习方法和学习态度方面都有优秀的表现,总评为优秀,希望你再接再厉,争取更大的进步。

教师反思与教师个性化指导：

这是一个不容易安静下来的男生，学习不注意细节，但是他思维很活跃，特别聪明，回答问题有条理性。针对这个学生的特点，上课的时候，我引导他在小组内当首位发言人，让他在小组活动的时候先发表自己的见解，给他充分表达自己的机会，以保持学习数学的兴趣，释放自己的潜能。并且让他当小老师，给小组内的同学讲题。这样一方面能够给他一项任务，让他充实起来，另一方面又能让其他同学得到多方面的指导。学生用他们的视角给同学讲题，效果还很不错。

这个学生不愿意用演算本，总是口算。中年级的计算稍微复杂一些之后，一些需要笔算的题目脱离演算本口算的话，出错多是难免的。所以我在平时会要求他必须把演算的过程写下来。

从这个学生的表现中，我注意到，教学过程中要根据学生的特点进行分组，组内异质。根据心理学的规律，把自己学到的知识讲给别人听，这样知识掌握得最牢固。所以，教学中应多创造机会让学生讲给同学听。

附录2　课时三点

青岛版小学数学二年级下册第四单元　千以内数的加减法

【信息窗1】

新旧衔接点:通过两位数加减一位数和两位数加减整十数的口算,将本课时两位数加减两位数分解成两位数加减整十数和两位数加减一位数的计算。

自主探究点:探索两位数加减两位数的口算方法,最终将方法优化。

链接拓展点:蜜蜂的分类、分工介绍。

【信息窗2】

新旧衔接点:100以内数的加减法笔算方法,用"相同数位对齐,计算从个位起"进行三位数加减三位数的简单笔算。

自主探究点:根据题意和加法的意义正确写出竖式并计算,借助学具明白笔算的算理,利用知识迁移进行计算。

链接拓展点:培养估算意识,列举生活中估算的例子,感受估算的意义。

【信息窗3】

新旧衔接点:将笔算的规律——个位满十向十位进一的方法迁移到十位满十向百位进一,得出三位数加三位数的笔算方法。

自主探究点:根据退位减法的笔算知识迁移探讨三位数减三位数时,被减数十位上的数不够减怎么办。

链接拓展点:对已经学过的笔算方法进行总结。

【信息窗4】

新旧衔接点：三位数加减三位数笔算的掌握为本节课的计算和验算打下基础。

自主探究点：利用加法算式中加数与和之间的关系以及减法算式中被减数、减数、差之间的关系探究验算的方法。

链接拓展点：介绍快速验算的方法，培养良好的学习习惯。

青岛版小学数学四年级下册 第五单元 小数的意义和性质

【信息窗1】

新旧衔接点：对小数和分数有了初步的认识，对一位和两位小数的意义有了一定的认识。

自主探究点：探究 0.05 怎样表示？0.365 表示什么？深入了解三位及以上小数的意义，在此基础上沟通小数和分数的意义。

链接拓展点：初步认识真分数和假分数，课后题出现十分之二十七；有关小数的意义的数学史介绍。

【信息窗2】

新旧衔接点：已经掌握一般情况下小数大小的比较。

自主探究点：① 通过比较 0.5 和 0.50 的大小引出小数的性质；② 0.504 中间的零可以去掉吗？

链接拓展点：介绍各种野生动物的资料，提倡保护环境，关爱野生动物。

【信息窗3】

新旧衔接点：学生对小数的意义有了初步的认识，理解除以 10 就相当于平均分成 10 份，取其中的 1 份，也就是缩小到原来的十分之一；会用计算器进行运算。在此基础上学习小数点的移动引起的变化。

自主探究点：学生利用计算器算出结果之后，观察算式，思考一个小数缩小到它的十分之一、百分之一、千分之一，小数点是怎样移动的。同理，探究出将一个数扩大 10 倍、100 倍、1 000 倍,小数点是怎样移动的。

链接拓展点:一个数乘 10、100、1 000……除以 10、100、1 000……的口算。

【信息窗 4】

新旧衔接点:学生学习过单位之间的换算,知道单位之间的进率关系;移动小数点来表示倍数变化。

自主探究点:能根据单位间的进率移动小数点来换算单位,进一步探究 10.5 千克—200 克的结果,探究 1 米 26 厘米等于多少米。

链接拓展点:将一家人的身高、体重用不同名数表示。

【信息窗 5】

新旧衔接点:学生已经知道小数的意义;了解求整数的近似数的方法——"四舍五入"。

自主探究点:根据整数求近似数的方法,自主探究小数求近似数的方法。

链接拓展点:完成单元综合性作业"小数不小"。

参考文献

曹一鸣,刘咏梅. 小学数学课程与教学论[M]. 北京:教育科学出版社,2014.

曾晓洁. 多元智能理论的教学新视野[J]. 比较教育研究,2001(12):25-29.

顾明远. 教育大辞典[M]. 上海:上海教育出版社,1990.

华国栋. 差异教学论[M]. 北京:教育科学出版社,2007.

〔美〕霍华德·加德纳. 多元智能[M]. 沈致隆,译. 北京:新华出版社. 1999.

教育部师范教育司. 教师专业化的理论与实践[M]. 北京:人民教育出版社,2003.

冷国荣. 小学数学差异教学五法[J]. 上海:上海教育科研,2010(8):72-73.

李秉德. 教学论[M]. 北京:人民教育出版社,2001.

刘仍轩. 串出精彩——情境串教学法课题研究集萃[M]. 青岛:青岛出版社,2009.

孟祥秀. 小学数学"先学后教,当堂训练"教学模式浅谈[J]. 延边教育学院学报,2012,26(6):113-114.

邱学华. 尝试教学研究50年[J]. 课程·教材·教法,2013,33(4):3-13.

王本陆. 课程与教学论[M]. 北京:高等教育出版社,2017.

王永. 正视学生学习能力的客观发展——对"先学后教"内核的分析与反思[J]. 人民教育,2012(17):36-39.

徐继存,车丽娜. 课程与教学论问题的时代澄明[M]. 济南:山东教育出版社,2008.

钟启泉. 最近发展区:课堂转型的理论基础[J]. 全球教育展望,2018,47(1):11-20.

后　记

时光荏苒，转眼间我已经在小学数学教师的岗位上工作了 15 年。从初任教师到骨干教师，我在一节一节的数学课中和学生一起成长。

当我着手完成本书稿的时候，一点点地整理过去十几年的教育教学资料，往事历历在目。很庆幸，在研究的最开始就在时任青岛湖岛小学校长马晖的帮助下，确定了小学数学课堂教学研究的三个点：新旧结合点（后来修正为新旧衔接点）、自主探究点、链接拓展点。正因为有了这三个点作为抓手，在后面的研究中逐渐将教研模式、集备模式和教学流程清晰成形。明确了研究大方向之后，我先后申请了区级、市级课题，以课题为载体，通过行动研究，不断在教学实践中对本教学模式的细节进行打磨，对于出现的问题及时进行反思与改进，使本教学模式日臻完善。特别感谢课题组的于倩、于海涛、田景霞三位老师，他们在课题研究的过程中给我提供了大量的实践案例，并在工作中给予我大力支持。

我的成长与进步离不开专家的引领。特别感谢青岛市市北区教育研究发展中心的三位小学数学教研员：丁小珑老师、李鸣柳老师、张彬老师。她们在我专业成长的每一个节点上都给予我细心的指导，并给我多次机会在区级各类活动中锻炼。感谢市北区名师工作室的三位主持人：安军莉老师、袁本钊老师、王旋老师。他们将自己多年的实践经验毫无保留地教给我，亦师亦友，成为我职业生涯的榜样。小学数学"三点一线·五维一体"学教融合教学模式的总结与提炼，得到了我的硕士研究生导师青岛大学李德林教授的专业指导，在此表示特别感谢。

从来没敢想，一名小学教师也可以写书。手捧沉甸甸的书稿，其中的每一次培训、每一次研修，都是国家教育方针在小学数学教学的土地上生根发芽的过程。作为一名一线教师,我的任务与使命是上好每一堂课,将梦想与希望的种子播撒在课堂上,在流年岁月中与学生一起成长,为国家的发展贡献自己的一点点力量。

本书只是之前十几年研究的阶段性总结,而不是教学研究的终点。2023 年 8 月,我告别了工作了 15 年的青岛湖岛小学,来到青岛中央商务区实验学校工作。新的环境,新的起点。小学数学"三点一线·五维一体"学教融合教学模式也将在新的环境里继续生长,期待结出新的果实。

因作者水平有限,加之时间仓促,不足之处在所难免,恳请读者批评指正。

刘晓东
2024 年 1 月